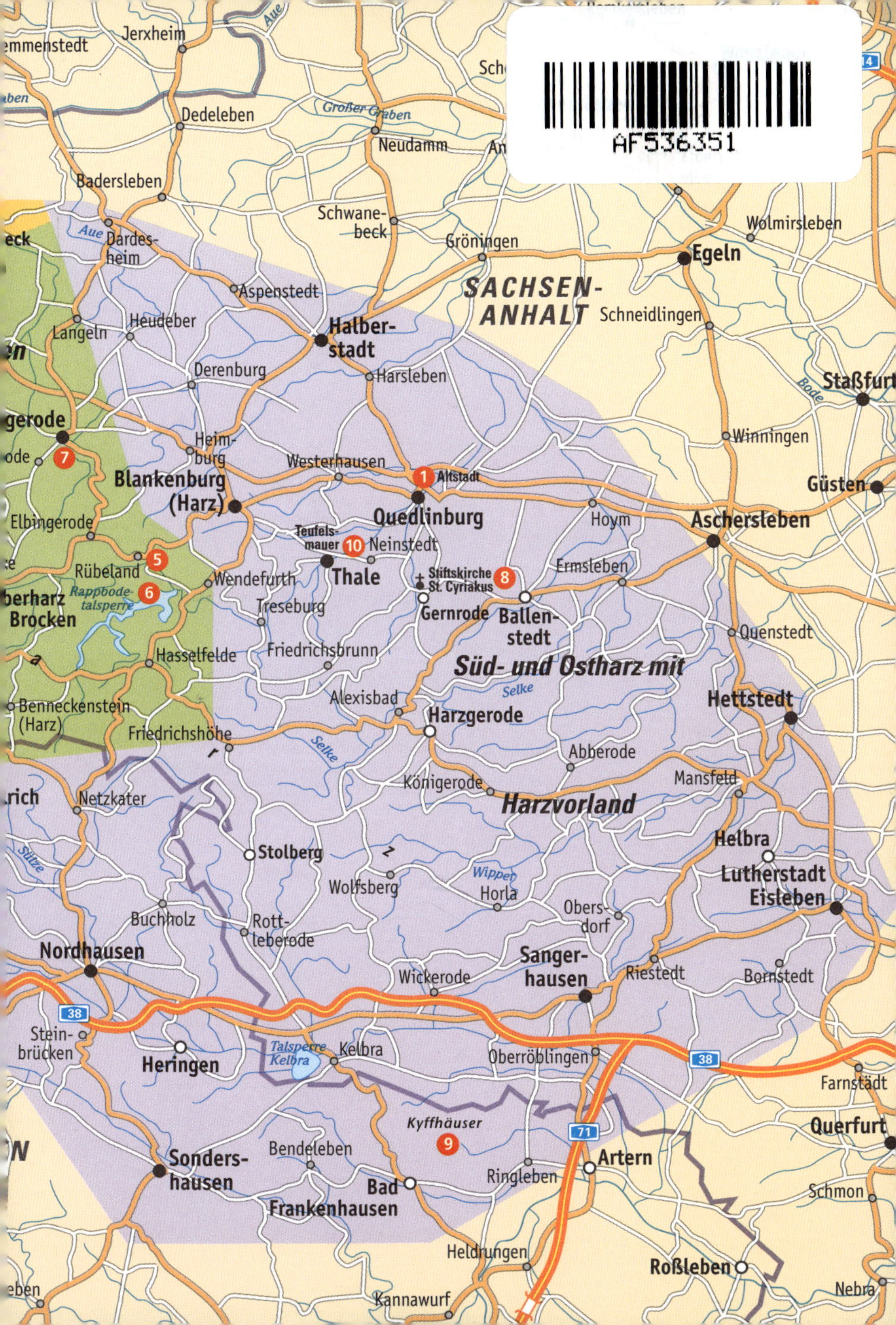

AF536351
Jerxheim
Dedeleben
Neudamm
Großer Graben
Badersleben
Schwanebeck
Gröningen
Egeln
Wolmirsleben
Dardesheim
Aue
Aspenstedt
SACHSEN-ANHALT
Schneidlingen
Langeln
Heudeber
Halberstadt
Derenburg
Harsleben
Staßfurt
Bode
Winningen
Heimburg
Westerhausen
Altstadt
1
7
Blankenburg (Harz)
Quedlinburg
Güsten
Hoym
Aschersleben
Elbingerode
Teufelsmauer
10
Neinstedt
Rübeland
5
Stiftskirche St. Cyriakus
8
Ermsleben
Wendefurth
Thale
Rappbodetalsperre
6
Treseburg
Gernrode
Ballenstedt
Brocken
Quenstedt
Hasselfelde
Friedrichsbrunn
Süd- und Ostharz mit
Harzvorland
Selke
Alexisbad
Harzgerode
Hettstedt
Benneckenstein (Harz)
Friedrichshöhe
Abberode
Königerode
Mansfeld
Netzkater
Helbra
Lutherstadt Eisleben
Stolberg
Wipper
Wolfsberg
Horla
Obersdorf
Buchholz
Rottleberode
Nordhausen
Sangerhausen
Riestedt
Bornstedt
Wickerode
38
Steinbrücken
Heringen
Talsperre Kelbra
Kelbra
Oberröblingen
Farnstädt
Querfurt
Kyffhäuser
9
71
Sondershausen
Bendeleben
Artern
Bad Frankenhausen
Ringleben
Schmon
Heldrungen
Roßleben
Nebra
Kannawurf

HARZ

Regioführer spezial

DIE AUTOREN

Rasso Knoller und **Christian Nowak** arbeiten als freie Reisejournalisten für namhafte deutsche Tageszeitungen und Magazine. Beide Autoren haben mehr als 100 Bücher verfasst, darunter auch viele Reiseführer für den Vista Point Verlag, und gehören dem Journalistennetzwerk »Die Reisejournalisten« (www.die-reisejournalisten.de) an. Sie betreiben zusammen das Internetmagazin weltreisejournal.de.

Janett Schindler, Sachbearbeiterin an der Universität Düsseldorf, beschreibt in ihrem Blog teilzeitreisender.de viele spannende Kurzreiseziele vor der eigenen Haustür. Sie ist im Südharz/Kyffhäuser aufgewachsen und berichtet heute gern über Reisen in ihre alte Heimat.

www.vistapoint.de

INHALT

EXTRAS – ZUSATZINFORMATIONEN

ORTE AUS »1000 PLACES TO SEE BEFORE YOU DIE«

Zeichenerklärung

Top 10
Das müssen Sie gesehen haben

Vista Point
Reiseregionen, Orte und Sehenswürdigkeiten

Symbole
Verwendete Symbole siehe hintere innere Umschlagklappe.

Kartensymbol: Verweist auf das entsprechende Planquadrat der ausfaltbaren Karte bzw. der Detailpläne im Buch.

Der Okerstausee hat mehr als zwei Quadratkilometer Wasserfläche

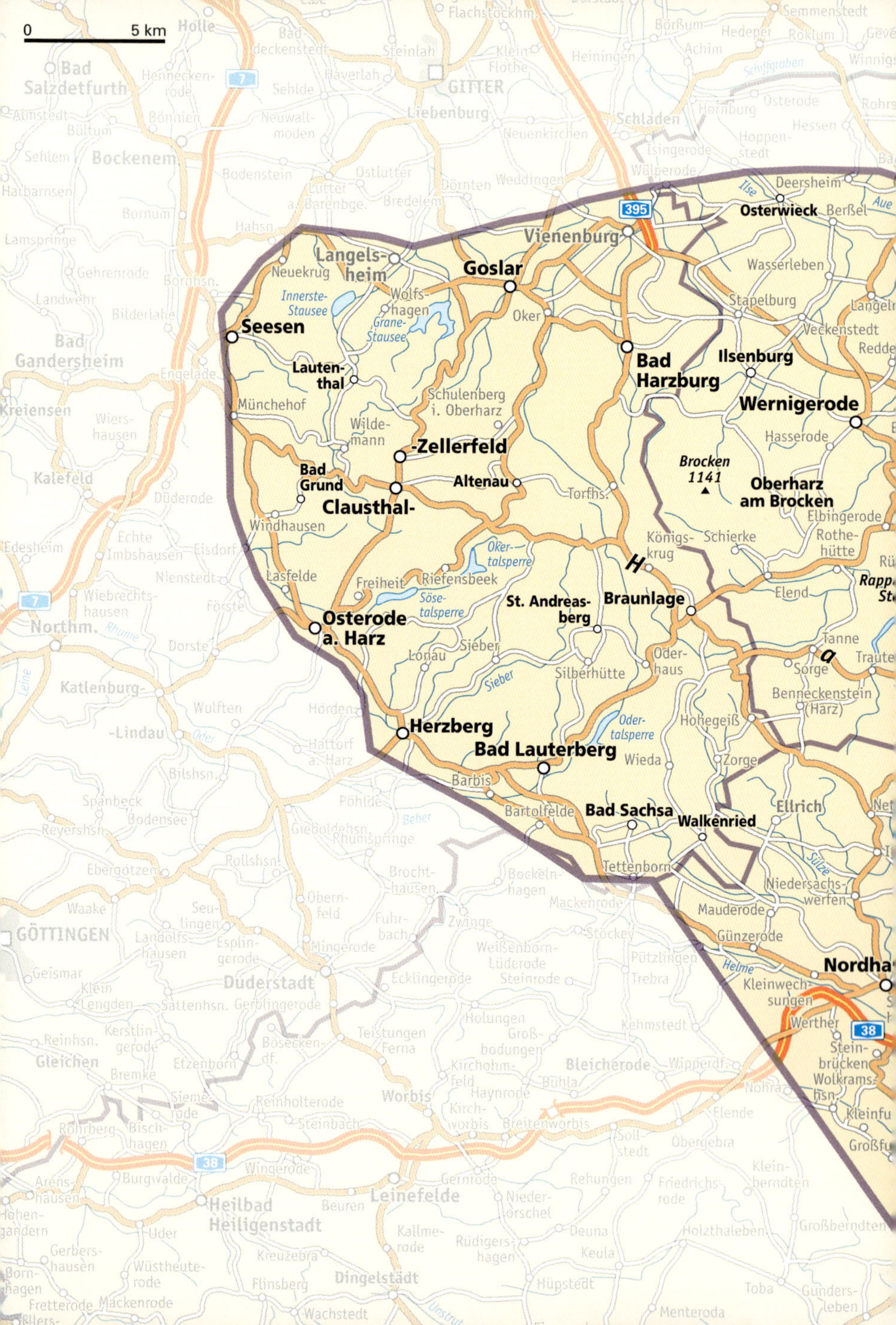

0
5 km
Holle
Flachstöckhm.
Semmenstedt
Bad Salzdetfurth
Bad deckenstedt
Steinlah
Klein Flöthe
Börßum
Heiningen
Hedeper
Roklum
Achim
Gevensleben
Winnigstedt
Hennecken-rode
7
Sehlde
Haverlah
GITTER
Schiffgraben
Almstedt
Bültum
Bönnien
Neuwall-moden
Liebenburg
Schladen
Hornburg
Osterode
Rohrsheim
Hessen
Sehlem
Bockenem
Neuenkirchen
Isingerode
Hoppen-stedt
Halbarnsen
Bodenstein
Ostlutter
Lutter a. Barenbge.
Dörnten
Weddingen
Wülperode
Deersheim
Bornum
Bredelem
Ilse
395
Osterwieck
Berßel
Aue
Lamspringe
Hahsn.
Vienenburg
Langels-heim
Neuekrug
Goslar
Wasserleben
Gehrenrode
Bornhsn.
Innerste-Stausee
Wolfs-hagen
Grane-Stausee
Oker
Stapelburg
Langeln
Landwehr
Bilderlahe
Seesen
Veckenstedt
Bad Gandersheim
Bad Harzburg
Ilsenburg
Reddeber
Lauten-thal
Engelade
Schulenberg i. Oberharz
Wernigerode
Kreiensen
Münchehof
Wiers-hausen
Wilde-mann
Hasserode
-Zellerfeld
Brocken 1141
Bad Grund
Altenau
Kalefeld
Clausthal-
Oberharz am Brocken
Torfhs.
Düderode
Windhausen
Elbingerode
Echte
Königs-krug
Schierke
Rothe-hütte
Edesheim
Imbshausen
Eisdorf
Oker-talsperre
H
Nienstedt
Lasfelde
Freiheit
Riefensbeek
Elend
Rappbode-Stausee
Wiebrechts-hausen
Söse-talsperre
St. Andreas-berg
Braunlage
Förste
Osterode a. Harz
Northm.
Rhume
Tanne
Dorste
Sieber
Lonau
Oder-haus
a
Sorge
Trautenstein
Leine
Katlenburg-
Silberhütte
Sieber
Benneckenstein (Harz)
Wulften
Hörden
Oder-talsperre
Hohegeiß
-Lindau
Herzberg
Oder
Hattorf a. Harz
Bad Lauterberg
Wieda
Zorge
Bilshsn.
Barbis
Spanbeck
Pöhlde
Ellrich
Bodensee
Bartolfelde
Bad Sachsa
Walkenried
Reyershsn.
Beber
Gieboldehsn.
Rhumspringe
Rollshsn.
Ebergötzen
Tettenborn
Broch-hausen
Bockeln-hagen
Niedersachs-werfen
Waake
Seu-lingen
Obern-feld
Mackenrode
Mauderode
Fuhr-bach
Zwinge
GÖTTINGEN
Landolfs-hausen
Esplin-gerode
Stöckey
Günzerode
Mingerode
Weißenborn-Lüderode
Pützlingen
Geismar
Duderstadt
Ecklingerode
Steinrode
Trebra
Helme
Nordhausen
Klein Lengden
Sattenhsn.
Gerblingerode
Kleinwech-sungen
Holungen
Kehmstedt
Reinhsn.
Kerstlin-gerode
Teistungen
Groß-bodungen
Werther
38
Bösecken-df.
Ferna
Gleichen
Etzenborn
Steinbrücken
Bremke
Kirchohm-feld
Bleicherode
Wipperdf.
Wolkramshsn.
Bühla
Nohra
Sieme-rode
Reinholterode
Haynrode
Worbis
Kirch-worbis
Elende
Kleinfurra
Steinbach
Breitenworbis
Rohrberg
Bisch-hagen
Soll-stedt
Obergebra
Großfurra
38
Wingerode
Arens-hausen
Burgwalde
Gernrode
Klein-berndten
Rehungen
Friedrichs-rode
Heilbad Heiligenstadt
Leinefelde
Nieder-orschel
Bohen-gandern
Beuren
Uder
Deuna
Holzthaleben
Großberndten
Kallme-rode
Gerbers-hausen
Rüdigers-hagen
Keula
Wüstheute-rode
Kreuzebra
Born-hagen
Flinsberg
Dingelstädt
Hüpstedt
Toba
Gunders-leben
Fretterode
Mackenrode
Wachstedt
Unstrut
Menteroda

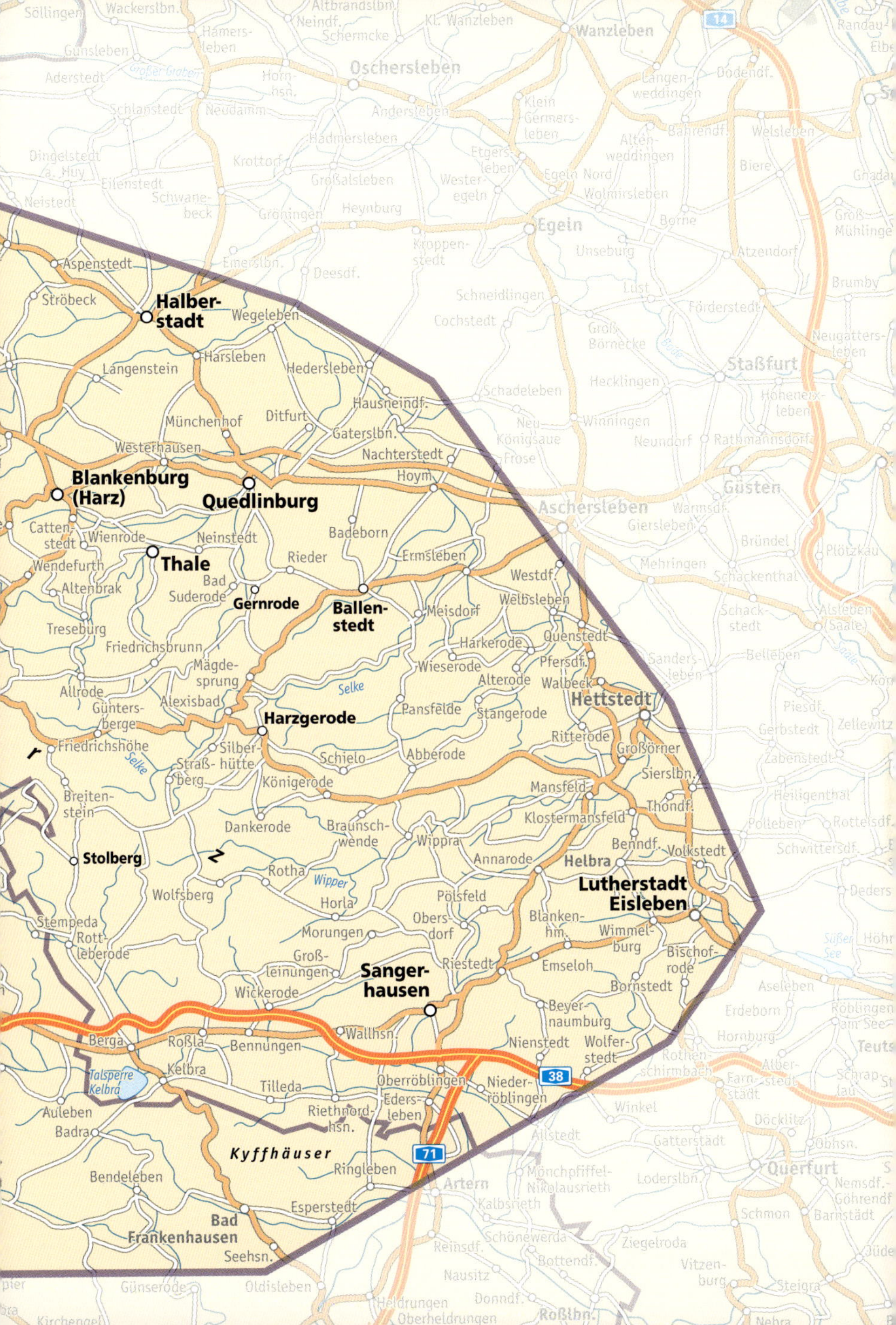

Söllingen
Wackerslbn.
Altbrandslbn.
Neindf.
Schermcke
Kl. Wanzleben
Wanzleben
14
Randau
Elbe
Hamers-
leben
Günsleben
Aderstedt
Großer Graben
Horn-
hsn.
Oschersleben
Langen-
weddingen
Dodendf.
Schlanstedt
Neudamm
Andersleben
Klein
Germers-
leben
Bahrendf.
Welsleben
Hadmersleben
Alten-
weddingen
Dingelstedt
a. Huy
Krottorf
Etgers-
leben
Biere
Eilenstedt
Großalsleben
Wester-
egeln
Egeln Nord
Gnadau
Neinstedt
Schwane-
beck
Wolmirsleben
Gröningen
Heynburg
Groß
Mühlingen
Egeln
Borne
Kroppen-
stedt
Unseburg
Atzendorf
Emerslbn.
Aspenstedt
Deesdf.
Brumby
Ströbeck
Lust
Halber-
stadt
Schneidlingen
Wegeleben
Förderstedt
Cochstedt
Groß
Börnecke
Bode
Neugatters-
leben
Harsleben
Langenstein
Hedersleben
Staßfurt
Hecklingen
Schadeleben
Hohenerx-
leben
Hausneindf.
Neu
Königsaue
Winningen
Münchenhof
Ditfurt
Gaterslbn.
Neundorf
Rathmannsdorf
Frose
Westerhausen
Nachterstedt
Güsten
Blankenburg
(Harz)
Hoym
Quedlinburg
Aschersleben
Warmsdf.
Giersleben
Catten-
stedt
Badeborn
Wienrode
Neinstedt
Bründel
Plötzkau
Thale
Rieder
Ermsleben
Wendefurth
Mehringen
Bad
Suderode
Schackenthal
Westdf.
Altenbrak
Gernrode
Welbsleben
Ballen-
stedt
Schack-
stedt
Alsleben
(Saale)
Treseburg
Meisdorf
Quenstedt
Friedrichsbrunn
Harkerode
Sanders-
leben
Belleben
Saale
Mägde-
sprung
Pfersdf.
Wieserode
Selke
Alterode
Walbeck
Allrode
Alexisbad
Hettstedt
Piesdf.
Günters-
berge
Pansfelde
Stangerode
Zellewitz
Harzgerode
Gerbstedt
Friedrichshöhe
Silber-
hütte
Ritterode
Selke
Schielo
Abberode
Großörner
Straß-
berg
Zabenstedt
Sierslbn.
Königerode
Breiten-
stein
Mansfeld
Heiligenthal
Thondf.
Klostermansfeld
Dankerode
Braunsch-
wende
Polleben
Rottelsdf.
Wippra
Benndf.
Stolberg
Volkstedt
Schwittersdf.
Annarode
Helbra
Rotha
Wipper
Lutherstadt
Eisleben
Deders
Wolfsberg
Pölsfeld
Horla
Blanken-
hm.
Obers-
dorf
Stempeda
Rott-
leberode
Morungen
Wimmel-
burg
Süßer
See
Höhn
Bischof-
rode
Groß-
leinungen
Riestedt
Emseloh
Sanger-
hausen
Aseleben
Bornstedt
Wickerode
Beyer-
naumburg
Erdeborn
Röblingen
am See
Wallhsn.
Hornburg
Berga
Roßla
Bennungen
Nienstedt
Wolfer-
stedt
Teuts
Rothen-
schirmbach
Talsperre
Kelbra
Kelbra
38
Alber-
stedt
Schrap-
lau
Oberröblingen
Nieder-
röblingen
Farn-
städt
Tilleda
Eders-
leben
Winkel
Auleben
Riethnord-
hsn.
Dökklitz
Badra
Allstedt
Gatterstädt
Obhsn.
Kyffhäuser
71
Ringleben
Mönchpfiffel-
Nikolausrieth
Querfurt
Bendeleben
Artern
Loderslbn.
Nemsdf.
Göhrendf.
Kalbsrieth
Schmon
Barnstädt
Esperstedt
Bad
Frankenhausen
Schönewerda
Ziegelroda
Reinsdf.
Seehsn.
Bottendf.
Vitzen-
burg
Nausitz
Günserode
Oldisleben
Steigra
Donndf.
Heldrungen
Oberheldrungen
Roßlbn.
Kirchengel
Nebra

Willkommen im Harz

Novalis, einer der bekanntesten deutschen Schriftsteller der Romantik, schwärmte vom Harz als dem »Muttergebürg«. Das nördlichste deutsche Mittelgebirge ist 90 Kilometer lang und 30 Kilometer breit; während der deutschen Teilung verlief hier die unüberwindbare Grenze zwischen Ost und West. Der höchste Berg im Harz, der Brocken, war militärisches Sperrgebiet der DDR. Vom niedersächsischen Goslar reiste man einfacher in die Südsee als zu diesem nur 30 Kilometer entfernten, sagenumwobenen Gipfel. Nur die Brockenhexen kamen damals ungehindert auf den Berg, auf dem sie der Sage nach in der Walpurgisnacht tanzen.

Heute sind die Zeiten der Trennung fast vergessen, der einstige Todesstreifen ist als »Grünes Band« Naturschutzgebiet und Wandereldorado. Der Harz lädt ein – mit Bergen und Tälern, Stauseen und Höhlen, mit Wanderwegen im Sommer und Loipen im Winter. Zu sehen gibt es nicht nur viel Natur, sondern ebenso viel Kultur: Burgen und Schlösser, alte Städte mit schönen Fachwerkbauten, malerische Dörfer und gleich mehrere Weltkulturerbestätten. Dazu zählen

Goslar, dessen Kaiserpfalz einst eines der Zentren des Heiligen Römischen Reichs war, Quedlinburg mit seiner pittoresken Altstadt und Eisleben, Martin Luthers Geburts- und Sterbeort. Außerdem das Bergwerk Rammelsberg und das Oberharzer Wasserregal, die an die lange Bergbaugeschichte des Harzes erinnern.

Kluge Köpfe suchten im Wald des Harzes Erholung und Inspiration. Neben dem schon erwähnten Novalis war auch der Dichterfürst und eingefleischte Wanderer Johann Wolfgang von Goethe mehrmals im Harz unterwegs, Caspar David Friedrich baute hier seine Staffelei auf und Heinrich Heines »Harzreise« ist eine der bekanntesten deutschen Reiseerzählungen überhaupt.

Und so schließen wir uns den Worten des Gelehrten Friedrich Brederlow an, der in seinem Buch »Der Harz, zur Belehrung und Unterhaltung für Harzreisende« schon 1846 schrieb: »Ja, es findet Jeder im Harze seine Gabe; woher sonst die vielen Reisenden, die nach allen Richtungen, zu allen Jahreszeiten den Harz durchstreichen; woher sonst die vielen poetischen Ergüsse über den Harz, so viele schriftstellerische Werke über dieses reizende Gebirge.«

Schauen Sie vorbei!

Die Brockenbahn bringt Besucher auf den berühmten Berg

Top 10: Das müssen Sie gesehen haben

1 Quedlinburger Altstadt

Seite 13 ff. ➡ D9

Die Altstadt von Quedlinburg gehört zum Weltkulturerbe. Wer durch die engen Gassen spaziert, glaubt auf einer Zeitreise im Mittelalter zu sein.

2 Kaiserpfalz Goslar

Seite 62, Seite 67, Seite 68 ➡ B4

Der größte weltliche Bau der Romanik in Deutschland war zwei Jahrhunderte eines der wichtigsten Zentren des Heiligen Römischen Reiches.

3 Rammelsberg

Seite 62, Seite 65, Seite 66 ➡ C4

Bis 1988 wurden in dem Bergwerk Millionen Tonnen Erze – vor allem Kupfer, Silber und Blei – abgebaut. Heute ist es eines der bedeutendsten Industriedenkmäler und Welterbe.

4 Brocken

Seite 99 ff. ➡ D6

Höchster Berg Norddeutschlands, mystische Bergkuppe und in der Walpurgisnacht Treffpunkt der Hexen – es gibt viele Gründe den Gipfel zu besuchen.

5 Rübeland

Seite 117 ➡ D7

Wegen der beiden Tropfsteinhöhlen – Baumanns- und Hermannshöhle – schmückt sich das kleine Rübeland mit dem Zusatz »Höhlenort«.

6 Rappbodetalsperre

Seite 119 ff. ➡ D7/8

Die höchste Staumauer Deutschlands, die längste Hängebrücke der Welt und die schöne Aussicht lohnen einen Ausflug.

7 Wernigerode mit Schloss und Altstadt

Seite 126 ff. ➡ C7

Hoch über der Stadt thront das Schloss, Stammsitz der Grafen zu Stolberg-Wernigerode, ihm zu Füßen lockt die Altstadt mit ihren Fachwerkhäusern.

8 Stiftskirche St. Cyriakus in Gernrode
Seite 150 f. ➡ D9

Die Stiftskirche aus dem 10. Jahrhundert gilt als eines der Highlights auf der Straße der Romantik. Aus architektonischer Sicht ist sie das beste Beispiel ottonischer Bauweise in Deutschland.

9 Kyffhäuser mit Reichsburg und Denkmal
Seite 159 ff. ➡ G/H7–9

Im Kyffhäuser befindet man sich auf den Spuren deutscher Geschichte. Da man in Deutschlands kleinstem Mittelgebirge auch ausgezeichnet wandern kann, eröffnet sich Besuchern hier die perfekte Kombination von Natur und Kultur.

10 Teufelsmauer bei Thale
Seite 177 ➡ D8–10

Von der Teufelsmauer schwärmte schon Johann Wolfgang von Goethe. Die Wanderung entlang der steilen Felsenwände führt zu Dutzenden pittoresker Fotospots.

Ein Rundgang durch die Stadt des Fachwerks

Vormittag
Tourist Information am Marktplatz – Rathaus – Marktstraße – Kornmarkt – Marktkirche – Mausoleum der Familie Götze – Salfeldtsches Palais – Höllenhof – Schuhhof – Marktplatz – Wordspeicher – Fachwerkmuseum Ständerbau –Blasiikirche – Eisenbahn- und Spielzeugmuseum – Münzenberg mit Museum

Mittag
Schillers, Lange Gasse 32, ✆ (039 46) 52 80 52 (vgl. Seite 31 f.) ➡ aB/aC2

Nachmittag
Klopstockmuseum – Museum Lyonel Feininger – Schlossberg – Dom – Schlossmuseum – Abteigarten – Brühlpark – St. Wiperti

Quedlinburgs Fachwerkhäuser werden von den Kirchtürmen der Stadt überragt

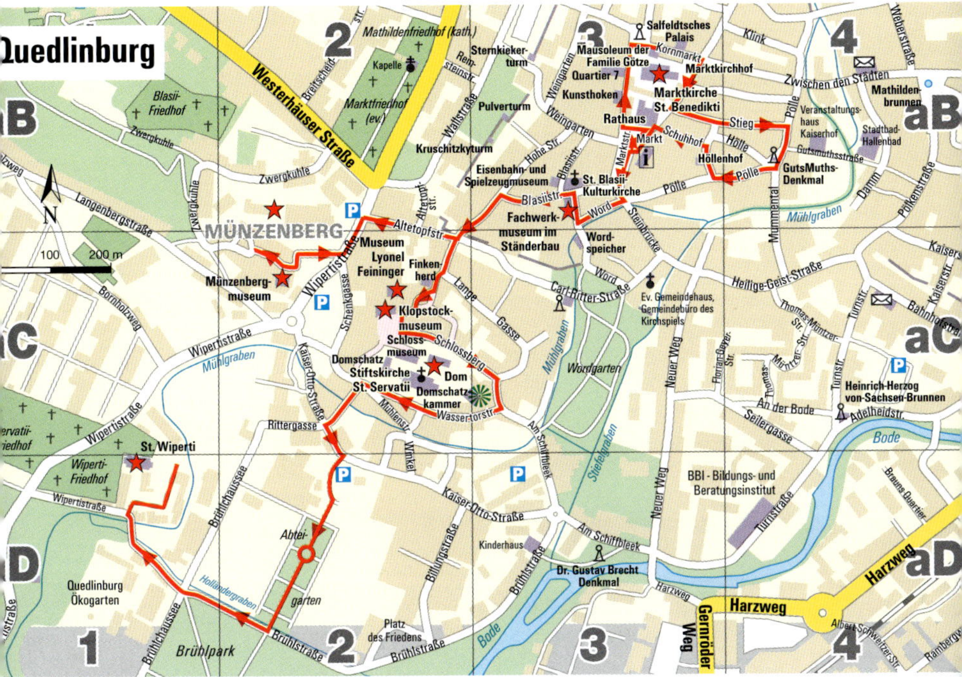

Ohne Übertreibung darf sich Quedlinburg (23 300 Einwohner) zu den schönsten Städten Deutschlands zählen. Wegen der nahezu unzerstörten mittelalterlichen Bausubstanz hat die UNESCO 1994 die 1 Altstadt zusammen mit Stiftskirche und Schloss auf die Liste des Weltkulturerbes gesetzt. Mit seinen 2069 Fachwerkhäusern gilt Quedlinburg als größtes Flächendenkmal Deutschlands. Der Aufstieg der Stadt begann im 10. Jahrhundert, als sie zur Königspfalz wurde – und zu einem der Lieblingsorte von König Heinrich I. und seiner Gemahlin Königin Mathilde, die hier ein Damenstift gründete.

Den Rundgang durch Quedlinburg beginnt man am besten an der Tourist Information auf dem Markt und versorgt sich hier vorab mit Informationsmaterial und einem Stadtplan. Das **Rathaus** ➔ aB3 an der Nordseite des Platzes lohnt einen ausführlichen Blick, erzählt es doch viel über die Geschichte der Stadt. Erbaut um 1290

»Enzyklopädie der Fachwerkkunst«

ALTSTADT VON QUEDLINBURG

Quedlinburg, Sachsen-Anhalt

Sechs Jahrhunderte Fachwerkkunst, Kopfsteinpflaster, moderne Kunst hinter jahrhundertealten Mauern, malerische Gassen mit kleinen Cafés und Restaurants, überragt von der weithin sichtbaren romanischen Stiftskirche:

UNESCO-Weltkulturerbe: die Altstadt von Quedlinburg

Quedlinburg, nur einen Hexensprung vom Brocken am nordöstlichen Rand des Harzes gelegen, ist eine lebendige UNESCO-Weltkulturerbestadt. Mit ihren rund 2000 Fachwerkhäusern und einer Reihe von Jugendstilbauten in der Altstadt, der historischen Neustadt, auf dem Schlossberg und dem Münzenberg ist die Stadt ein Gesamtkunstwerk von außergewöhnlicher Geschlossenheit.

In Quedlinburg wurde deutsche Geschichte geschrieben: 919 soll am Finkenherd unterhalb des Burgberges der Sachsenherzog Heinrich seine Königskrone empfangen haben. Der Glanz und der Reichtum des ottonischen Königshauses sind heute dank der Kostbarkeiten des Domschatzes in der Stiftskirche St. Servatii sichtbar. Das Schlossmuseum im ehemaligen Stift präsentiert in den Audienzsälen und im romanischen Kellergewölbe die Stadt- und Stiftsgeschichte sowie eine Ausstellung zur deutschen Herrscherdynastie der Ottonen.

Die verwinkelten Gassen, die idyllischen Plätze und der imposante Sandsteinfelsen des Burgberges inmitten der Stadt geben Quedlinburg einen einzigartigen Charakter. Wo einst Könige Hof hielten und starke Frauen Geschichte schrieben, treffen Besucher heute auf eine lebendige Stadt mit abwechslungsreichen Facetten. Künstler öffnen den Besuchern ihre Ateliers, Konzerte und Ausstellungen beleben die historischen Gemäuer. Zudem sorgt das Drei-Sparten-Theater für ein abwechslungsreiches Bühnenprogramm mit Musik, Schauspiel und Tanz. Bei einer der täglichen Stadtführungen oder einem abendlichen Rundgang mit dem Nachtwächter lassen sich Quedlinburgs schönste Plätze am besten entdecken. In der Adventszeit erstrahlt die Stadt in einem besonderen Glanz und lädt mit zahlreichen Veranstaltungen ein, sich stimmungsvoll auf die Weihnachtszeit vorzubereiten.

Im nahen Gernrode gehört die Stiftskirche St. Cyriakus zur Straße der Romanik. Erbaut im 10. Jahrhundert ist sie ein ottonisches Bauwerk von höchstem baugeschichtlichem Rang. Die Hallenkrypta gilt als eine der ältesten in Deutschland. Im südlichen Seitenschiff befindet sich zudem die älteste Nachbildung des Grabes Christi nördlich der Alpen, wahrscheinlich aus dem Jahr 1080.

INFO: Quedlinburg liegt ca. 60 km von Magdeburg entfernt. **INFO QUEDLINBURG:** Quedlinburg Information, Markt 4, 06484 Quedlinburg, Tel. (039 46) 90 56 24, www.quedlinburg-info.de, adventsstadt.quedlinburg-info.de, www.nachtwaechter-quedlinburg.de.

ist es eines der ältesten Rathäuser Deutschlands, das noch seine ursprüngliche Funktion erfüllt. Das Portal auf der Marktseite stammt aus dem 17. Jahrhundert, der Eingang befand sich zunächst an der Rückseite des Gebäudes. Das Stadtwappen über dem Portal zeigt die Burg, wer genau hinsieht, kann im offenem Burgtor einen kleinen Hund, den Quedel, sitzen sehen. Wie der Hund ins Stadtwappen kam, weiß niemand so genau. Eine Legende berichtet jedoch von einem Hund, der sich bellend ins Stadttor stellte, als feindliche Truppen auf die Stadt zukamen, womit er die Bewohner warnte, die so in allerletzter Sekunde die Tore schließen konnten. Über dem Stadtwappen wacht die römische Göttin Abundantia über Quedlinburg. Sie steht als Symbol für den Überfluss und damit für den Reichtum der Stadt. Die beiden Steinschemel links und rechts des Eingangs waren für wartende Bittsteller gedacht, die hier in durchaus absichtsvoller Unbequemlichkeit sitzen sollten, bis sie vorgelassen wurden.

Nur aufmerksame Besucher entdecken den Quedel im Stadtwappen am Quedlinburger Rathaus

Die Statue links am Rathaus zeigt den **Roland**, den die Hansestädte einst als gemeinsames Zeichen verwendeten. Er stammt etwa aus dem Jahr 1430 und damit aus der Zeit, als Quedlinburg der Hanse beitrat. Mit

Das im 13. Jahrhundert erbaute Rathaus atmet Geschichte

einer Höhe von nur 2,75 Metern zählt die Figur aus Buntsandstein zu den kleinsten noch erhaltenen Rolandstatuen, zugleich jedoch auch zu den ältesten. Der Quedlinburger Roland hat es übrigens schon einmal auf eine Briefmarke geschafft: 1987 war er auf einer von der DDR herausgegebenen Marke abgebildet. Im Turm hinter dem Roland befand sich einst die Stadtkasse, davor ist in den Boden eingelassen nochmals das Stadtwappen zu sehen.

Auf der linken Seite des Rathauses biegt man in die **Marktstraße** ➡ aB3 ein. Rechter Hand liegt dort der kleine Laden von Katrin Ruhnau, die in »Papier im siebten Himmel« kleine Geschenke und große Kunst aus Papier verkauft. Auf der anderen Straßenseite geht es in einen Hinterhof zum **Kunsthandwerkerhof/Quartier 7** ➡ aB3. Hier haben ein Glasbläser – ihm kann man bei der Arbeit zusehen –, eine Papierkünstlerin, eine Filzmanufaktur, eine Keramikerin und eine Modedesignerin ihre Werkstätten.

Am **Kornmarkt** ➡ aB3 stehen eine paar Fachwerkimitationen im DDR-Stil. Aus Rohstoffmangel hat man sich hier der altbewährten Plattenbautechnik bedient. Ob Ihnen das gefällt, können Sie sich ganz in Ruhe überlegen. Am Platz liegen nämlich zwei sehr schöne Restaurants, die sich beide für eine kleine Pause anbieten. Die Bruschetteria Fachwerq, das Q am Ende steht für Quedlinburg, offeriert kleine Snacks und den vielleicht besten Kaffee der Stadt. Gegenüber,

»Modernes Fachwerk« am Kornmarkt

Vom Lindenbeinturm, auch »Sternkiekerturm« genannt, ist St. Benedikti besser zu sehen als aus der Nähe, da das Zentrum so dicht bebaut ist

am Kornmarkt 3, befindet sich der Biergarten Ruinenromantik. In der Silvesternacht 2004/05 brannte hier die ehemalige Residenz eines adligen Freiherrn ab. Die Ruine blieb danach lange sich selbst überlassen, bis ihr 2020 neues Leben eingehaucht wurde. Ist es draußen unter den Sonnenschirmen auch noch so einladend, das richtige Ruinengefühl kommt erst auf, wenn man drinnen auf bequemen Stühlen sitzt und durchs offene Dachgebälk in den Himmel schaut.

Die **Marktkirche St. Benedikti** ➡ aB3 wurde 1233 erstmals urkundlich erwähnt. Ihren Ursprung hat sie jedoch bereits im 10. Jahrhundert, als an selber Stelle, am Kreuzungspunkt alter Handelsstraßen, ein frühromanischer Vorgängerbau stand. Schauen Sie mal nach oben: Die beiden Türme der Marktkirche sind unterschiedlich hoch. Während der Nordturm 60 Meter misst, ist der Südturm ein paar Meter niedriger. Der »Helm« des kürzeren wurde durch einen Blitzschlag zerstört, für den Wiederaufbau fehlte aber das Geld.

Um die Kirche herum stehen im **Marktkirchhof** ➡ aB3 einige der schönsten Fachwerkhäuser der Stadt. In der Hausnummer 9 wohnten einst städtische Bedienstete, nämlich der Büttel, also der Stadtpolizist, die Hebamme und der Stadtpfeifer. Letzterer war übrigens nicht dazu da, die Bevölkerung mit seiner Trompete zu unterhal-

Der Mühlgraben durchquert das Stadtzentrum von Quedlinburg

ten, er war vielmehr der »Nachrichtensprecher« der Stadt. Wenn er in seine Trompete blies, wusste jeder: »Aufpassen, jetzt kommt eine wichtige Durchsage!« An dieser Stelle ein praktischer Hinweis: Im Marktkirchhof befindet sich auch eine öffentliche Toilette.

Am **Mausoleum der Familie Götze** ➡ aB3 vorbei folgt man dem Kornmarkt. Das Grabmal wurde 1726 im barocken Stil errichtet und ist heute der einzige Hinweis auf den Friedhof, der sich früher hier befand. Auf der linken Straßenseite passiert man das **Salfeldtsche Palais** ➡ aB3, erbaut zwischen 1734 und 1737, in dem heute die Deutsche Stiftung Denkmalschutz ihre Büros hat.

Ein paar Schritte weiter beeindruckt die **Adler- und Ratsapotheke** ➡ aB3 von 1578. Sehen Sie die Kanonenkugel in der Hauswand? Diese ist zwar kein Original, erinnert aber an ein wichtiges Ereignis in der Stadtgeschichte: den »Aufstand« der Stadt gegen die übermächtige Äbtissin Hedwig von Sachsen im Jahr 1477. Damals lag die Stadt schon seit Langem im Zwist mit dem mächtigen Damenstift. Quedlinburg, das 1426 der Hanse beigetreten war und freie Reichsstadt werden wollte, versuchte die Macht des Stifts abzuschütteln. 1477 kam es schließlich zum Aufstand. Die Quedlinburger wollten die Äbtissin aus der Stadt vertreiben. Doch da hatten sie die Rechnung ohne deren Brüder gemacht. Die Wettiner Herzöge Ernst und Albrecht eilten ihrer Schwester mit einer großen Streitmacht von 400 Reitern und 200 Mann Fußvolk zu Hilfe. Die Städter hatten keine Chance – 80 von ihnen fielen in dem ungleichen Kampf, während von den Angreifern niemand zu Schaden kam. Die Stadt musste sich unterwerfen und fortan jährliche Strafsteuern ans Kloster entrichten. Außerdem zwang die Äbtissin Quedlinburg aus der Hanse auszutreten. Die Figur des Rolands, das äußere Zeichen der Hansemitgliedschaft, wurde gestürzt. In der Folge wurde die Äbtissin zu einer Art Alleinherrscherin. Ohne ihre Zustimmung konnte die Stadt weder einen Rat noch einen Bürgermeister wählen. Auch die Stadtmauer durfte nur ausgebessert werden, wenn es der Äbtissin passte. Für Quedlinburg brachen nach 1477 wirtschaftlich schwere Zeiten an und die aufstrebende Hansestadt schrumpfte wieder auf den Rang einer kleinen Provinzstadt.

Auf dem Stadtspaziergang geht man jetzt nach rechts und einige Schritte die Breite Straße hinunter, um dann links in den winzigen **Stieg** ➡ aB3/4 abzu-

Winterliches Quedlinburg

Quedlinburg ist auf Touristen eingestellt

biegen. Nun geht es einmal um die Kurve in die **Pölle** ➡ aB3/4 und schließlich ist man in der **Hölle** ➡ aB3/4 gelandet. Keine Angst, Schlimmes haben Sie hier nicht zu befürchten. Der kleine Schlenker zur Hölle lohnt sich, weil hier einige der schönsten Fachwerkhäuser der Stadt stehen. Voraus sieht man schon den **Höllenhof** ➡ aB3, leicht zu erkennen an dem Schild mit dem sitzenden Raben. Das Haus – so hat die Baumringdatierung ergeben – wurde in drei Bauphasen zwischen 1215 und 1301 errichtet. Im 16. Jahrhundert war der Höllenhof eine Braustube, später wohnten die Quedlinburger Stadtschreiber und Kämmerer hier und im 19. Jahrhundert wurde der Höllenhof zur Gaststätte. Auch heute befindet sich ein Restaurant in der Hölle, allerdings im Haus mit der Nummer fünf. Es trägt den passenden, aber auch erwartbaren Namen »Himmel und Hölle«.

Die Hölle führt direkt in den **Schuhhof** ➡ aB3, die kleinste Straße Quedlinburgs. Die winzigen Häuser hat einst die Schuhmachergilde für verarmte Mitglieder ihrer Zunft erbaut. Jetzt den Kopf einziehen, denn zurück zur Breiten Straße geht es durch einen niedrigen Fußgängerdurchgang. An seinem Ende steht man wieder vor dem Rathaus, dem Ausgangspunkt der Tour.

Zu Ende ist der Stadtrundgang jedoch noch lange nicht. Nach dem Überqueren des **Marktplatzes** ➡ aB3 steht eine Entscheidung an: einkaufen oder anschauen. Wer sich fürs Shopping entscheidet, biegt in die Fußgängerzone in der Steinbrücke ein, ansonsten geht man in Richtung **Word** ➡ aB3 weiter. Der Name darf übrigens getrost deutsch ausgesprochen werden, mit dem Computerprogramm hat das alles hier nichts zu tun – vielmehr ist der Name der Straße vom Wortstamm »wurd« abgeleitet, was so viel wie Grund oder Boden heißt.

Nach ein paar Schritten steht man vor dem **Wordspeicher** ➡ aC3. Am Eisstand von Blumenbunt im Innenhof des beeindruckenden Fachwerkgebäudes (Zugang auch über Blasiistr. 5) kann man sich mit dem vielleicht besten Eis der Stadt für die bisherigen Anstrengungen belohnen.

Fast nebenan vermittelt das **Fachwerkmuseum im Ständerbau** ➡ aB3 alles Wissenswerte zum Fachwerkbau in der Weltkulturerbestadt und wieder nur ein paar Schritte weiter kann man mit der **Blasiikirche** ➡ aB3 ein

Die vier Münzenberger Musikanten aus Bronze spielen auf dem Marktplatz

Der Münzenberg hat den Berg nicht umsonst im Namen

Musterbeispiel für nordische Barockarchitektur bewundern. Als Kulturkirche ist diese heute Veranstaltungsort für Konzerte, Ausstellungen und Kleinkunst. Ihrem Eingang gegenüber liegt das private **Eisenbahn- und Spielzeugmuseum** ➡ aB3, in dem selbst Erwachsene wieder zu Kindern werden. In der Blasiistraße lockt auch das Lüdde, das ältestes noch erhaltene Brauhaus der Stadt.

Durch die Hohe Straße verlässt man die Altstadt – leider nicht mehr stilecht durch ein Stadttor, denn die damaligen Stadtoberen ließen es im 19. Jahrhundert wegen der engen Durchfahrt abreißen. Bevor man über die Lange Gasse hinauf zum Schlossberg geht, lohnt ein Abstecher zum **Münzenberg** ➡ aB/aC1/2 im Südosten der Altstadt. Über Altetopf- und Wipertistraße erreicht man den Stadtteil mit den vielen Fachwerkhäusern, heute ein gefragtes Wohngebiet, während früher hier die armen Leute lebten, denen die Äbtissin ab 1580 erlaubt hatte, sich am Berg vor der Stadt anzusiedeln. Einen wirklichen Plan, wer wo wohnen sollte, gab es nicht. Jeder baute da, wo er Platz fand. So erklärt sich auch der wirre Lauf der Gässchen – besonders am Abend ist der Spaziergang hier ein Highlight für Romantiker. Der Blick auf die Stadt ist ausgezeichnet und im **Münzenbergmuseum** ➡ aC2 sind die Überreste einer alten Stiftskirche zu besichtigen.

Wieder unten in der Stadt ist vor dem Anstieg zum Schlossberg womöglich ein guter Zeitpunkt für eine kleine Stärkung im **Schiller's** ➡ aC2 gekommen. Durch

Märchenhaft: Blick über Schloss und Stadt im Zwielicht

den Finkenherd gelangt man anschließend zum **Klopstockhaus** ➡ aC2, dem Geburtshaus des Dichters Friedrich Gottlieb Klopstock (1724–1803). Heute ist hier ein Museum beheimatet, das über Leben und Werk dieses wichtigen Vertreters der klassischen deutschen Literatur informiert, gleichzeitig aber auch an andere Quedlinburger Persönlichkeiten erinnert – so an die erste deutsche promovierte Ärztin Dorothea Christiane Erxleben (1715–1762), den Pädagogen und Verfechter des Turnunterrichts Johann Christoph Friedrich Guts-Muths (1759–1839) und an Carl Ritter (1779–1859), den Begründer der wissenschaftlichen Geografie.

Gleich nebenan liegt, in einem Innenhof, das **Museum Lyonel Feininger** ➡ aC2. Das weltweit einzige Museum zu Ehren des Künstlers ist ein Muss für alle Feininger-Fans, aber auch für jeden, der sich für die Kunst des frühen 20. Jahrhunderts interessiert. Das Museum zeigt regelmäßig Sonderausstellungen.

Wer nach zwei Ausstellungen am Stück eine kleine Pause braucht, der verwöhnt sich im **Vincent** ➡ aC2, bekannt für seine Käsekuchen, oder im **Café Am Finkenherd** ➡ aC2. Hier am Finkenherd soll der Sage nach Heinrich I. gesessen und Vögel gefangenen haben, als er die Nachricht erhielt, dass er zum deutschen König gewählt wurde. Einen Blick lohnt auch das mit Ranken bemalte Fachwerkhaus am Schlossberg 9. Es zählt zu den schönsten Häusern aus dem 17. Jahrhundert in der Stadt und war Wohnort des Schriftstellers Nikolaus

Dietrich Giseke, der von 1754 bis 1760 in Quedlinburg lebte und ein guter Freund Klopstocks war.

Weiter den Schlossberg hinauf (schöne Fotomotive) erreicht man die **Stiftskirche** ➡ aC2 mit dem **Domschatz** und das **Schlossmuseum** ➡ aC2. Der Dom – den Ehrentitel erhielt die Stiftskirche aus Respekt vor der Macht der Äbtissinnen – beherbergt viele reiche Kirchenschätze. Auf dem Schlossberg wird gerade umfassend renoviert, weshalb es zu Einschränkungen bei den Besichtigungen kommt. Ganz ohne Einschränkungen genießt man den Rundblick über die Stadt.

Via Schlossberg, Wassertorstraße und Rittergasse geht es hinab zum ➡ aD2 **Abteigarten**, den einst schon die Äbtissinnen nutzen und der einen schönen Blick zurück zum Dom erlaubt. Der **Brühlpark** ➡ aD1/2, eine Mischung aus Stadtpark und Barockgarten, schließt sich direkt an. Auf zahlreichen Wegen kann man durch die 10 000 Quadratmeter große Anlage spazieren.

Den Abschluss der Stadtbesichtigung bildet der Besuch der **Wipertikirche** ➡ aC/aD1 mit ihrer beeindruckenden Krypta aus romanischer Zeit. Auch die 55 Gruftgräber auf dem Friedhof stellen eine Besonderheit dar. Zum Ausgangspunkt des Spaziergangs, dem Marktplatz, ist man von St. Wiperti aus knapp 15 Minuten unterwegs.

Am von Fachwerkhäusern gesäumten Schlossplatz lassen sich Durst und Hunger stillen

In diesem schönen Fachwerkhaus ist die Tourist Information Am Finkenherd untergebracht

Fachwerkmuseum im Ständerbau

Service-Informationen Quedlinburg

Quedlinburg Tourist Information ➔ aB3
Markt 4
06484 Quedlinburg
✆ (039 46) 90 56 20
www.quedlinburg-info.de

Fachwerkmuseum im Ständerbau ➔ aB3
Wordgasse 3, Quedlinburg
✆ (039 46) 90 56 81
www.quedlinburg-info.de
Nirgends könnte ein Museum, das sich mit der Fachwerkbauweise befasst, einen passenderen Standort finden als in Quedlinburg, der am besten erhaltenen mittelalterlichen Stadt Deutschlands, in der fast jedes Haus im Stadtzentrum in Ständerbauweise errichtet wurde. Von Ständerbau spricht man übrigens deshalb, weil aufrecht stehende Balken, die Ständer, das Grund-

Wie ein Rausch: Fachwerk und noch mehr Fachwerk

gerüst für ein Haus bilden. Im Museum können sich die Besucher über die Geschichte des Fachwerkbaus in Quedlinburg informieren. Wer es ganz genau wissen will, dem wird anhand von Modellen die Entwicklung der Stile im Fachwerkbau im Laufe der Jahrhunderte erklärt.

Klopstockmuseum ➔ aC2
Schlossberg 12, Quedlinburg
✆ (039 46) 90 56 81
www.quedlinburg-info.de
Das Geburtshaus des Dichters Friedrich Gottlieb Klopstock (1724–1803) wurde um 1560 erbaut und bereits 1899 zum Museum umgestaltet. Hier wird das Leben des Dichters nachgezeichnet, aber auch an andere berühmte Quedlinburger erinnert.

Museum Lyonel Feininger ➔ aC2
Schlossberg 11, Quedlinburg
✆ (039 46) 68 95 93 80
www.museum-feininger.de
Das weltweit einzige Museum, das diesen bedeutenden Künstler der Klassischen Moderne würdigt, zeigt alle Schaffensperioden Feiningers in seiner Zeit in Deutschland von den 1890er Jahren bis 1937.

Einziges Feininger-Museum weltweit

Museum Lyonel Feininger

Quedlinburg, Sachsen-Anhalt

Im Herzen der Welterbestadt Quedlinburg befindet sich das weltweit einzige Museum, das dem Werk des Karikaturisten, Grafikers, Malers, Bauhausmeisters und Fotografen Lyonel Feininger (1871–1956) gewidmet ist. Zu verdanken ist dies dem Quedlinburger Dr. Hermann Klumpp, dessen Sammlung 1986 zur Gründung des Feininger-Museums führte.

Mit 16 Jahren kam der in New York geborene Künstler erstmals nach Deutschland, wo seine beeindruckende Karriere kurze Zeit später Fahrt aufnahm. Der Deutsch-Amerikaner wurde zu einem der wichtigsten Vertreter der Kunst der Klassischen Moderne. Als die Nationalsozialisten seine Werke 1937 als »entartet« diffamierten, kehrte Feininger zusammen mit seiner Frau, die als Jüdin verfolgt wurde, in die USA zurück. Vor der Ausreise übergab er ein umfangreiches Werkkonvolut an Klumpp, einen nahen Freund der Familie, der Feininger als Meister während seines Studiums am Bauhaus in Dessau kennengelernt hatte. Der Sammler konnte die Werke in seiner Heimatstadt vor der Vernichtung retten.

Mit der Sammlung Dr. Hermann Klumpp verfügt das Museum über einen der weltweit bedeutendsten Bestände an Druckgrafiken Feiningers. Die Dauerausstellung gibt einen Überblick über das facettenreiche Schaffen des vielseitigen Künstlers und beleuchtet zudem die Künstlerfamilie Feininger sowie die wechselvolle Geschichte des Museums. In Sonderausstellungen werden hochkarätige Werke von Künstlern aus allen Epochen gezeigt. Eine Mitmachausstellung für Familien und Kinder lädt auf spielerische Weise zum Aktivwerden im Museum ein. Führungen, Kunstkurse, die offene Druckwerkstatt und Projekttage vermitteln jeweils besondere Einblicke in das künstlerische Schaffen.

Info: Auf dem Schlossberg gelegen. **Info Museum Lyonel Feininger:** Schlossberg 11, 06484 Quedlinburg, Tel. (039 46) 68 95 93 80, www.museum-feininger.de.

Blick in die Ausstellung »Lyonel Feininger. Meister der Moderne« (Foto: Ray Behringer, © VG Bild-Kunst, Bonn 2023)

Das Museumsensemble verbindet historische und moderne Bauten (Kulturstiftung Sachsen-Anhalt, Foto: Ray Behringer)

Auf dem Weg zum Schloss

Münzenbergmuseum/Museum Klosterkirche St. Marien auf dem Münzenberg ➡ aC2
Münzenberg 16, Quedlinburg
✆ (0178) 804 25 92
www.quedlinburg-info.de
Eintritt frei
Neben 65 schmucken Fachwerkhäuschen befinden sich auf dem Münzenberg auch die Reste einer ehemaligen Klosterkirche. Diese kann man im Münzenberg-Museum besichtigen. Lohnend ist der kurze Aufstieg hinauf zum Münzenberg auch wegen der hervorragenden Aussicht.

Schlossmuseum ➡ aC2
Schlossberg 1, Quedlinburg
✆ (039 46) 90 56 81
www.quedlinburg-info.de
Wegen Baumaßnahmen bis voraussichtlich Ende 2024 geschl.
Das Städtische Museum im Quedlinburger Schloss bietet einen Überblick über die Entwicklung der Region, des Stifts und der Stadt, beginnend mit der Ur- und Frühgeschichte.

Dom und Domschatz ➡ aC2
Schlossberg 1 G, Quedlinburg
✆ (039 46) 70 99 00
www.domschatzquedlinburg.de
Wegen Sanierungs- und Baumaßnahmen am einstigen Damenstift kann es zu Teilschließungen kommen, der Dom ist jedoch geöffnet.

Die dem hl. Servatius geweihte Stiftskirche wird auch als Dom bezeichnet – und das, obwohl sie nie eine Bischofskirche war. Vielmehr sollte dadurch die Macht der Quedlinburger Äbtissinnen dokumentiert werden. Die dreischiffige Basilika wurde von Heinrich I. und seiner Gemahlin Mathilde gestiftet und zwischen 1070 und 1129 errichtet. Die Sarkophage des Königspaars gehören zu den wichtigsten Kunstwerken in der Kirche. Während Mathilde tatsächlich hier bestattet liegt, ist das Grabmal Heinrichs leer. Viele Teile des Domschatzes, der zu den wertvollsten Deutschlands gehört, gelangten als Schenkungen des Königshauses an das Stift nach Quedlinburg. Zu den wichtigsten Pretiosen gehören der Heinrichskamm, ein aus Elfen-

Beeindruckend: der Innenraum des Quedlinburger Doms

Der Dom, eine im Wesentlichen bis 1129 errichtete dreischiffige Basilika, war die Kirche des Quedlinburger Damenstifts

bein gearbeiteter Schmuckkamm aus dem 7. Jh., das Wiperti-Evangelistar, eine Handschrift von 1513, und das Samuhel-Evangeliar, eine Prachthandschrift aus karolingischer Zeit von 1230. Auch der älteste erhaltene Knüpfteppich Europas aus dem Jahr 1200 verdient Beachtung.

Marktkirche St. Benedikti ➡ aB3
Marktkirchhof 1, Quedlinburg
✆ (0173) 897 85 14
www.kirchequedlinburg.de
Turmbesteigung möglich
Im Inneren der Marktkirche aus dem 13. Jh. sind besonders der spätgotische Vesperaltar von 1500, der gotische Marienaltar in der Kalandskapelle von 1480 und die Kanzel im Stil der Spätrenaissance von 1595 erwähnenswert. In dem Gotteshaus finden immer wieder Konzerte statt.

St. Wiperti ➡ aC/aD1
Wipertistraße, Quedlinburg
✆ (039 46) 91 50 82
www.wiperti.de

Die Kirche, die ebenfalls zum Weltkulturerbe gehört, gilt als eines der Meisterwerke der Romanik. Besonders die mehr als 1000 Jahre alte Krypta begeistert Kunstkenner. Nach der Reformation, als das zur Kirche gehörende Kloster aufgelöst wurde, nutzte man das Gotteshaus bis ins 19. Jh. als evangelische Pfarrkirche, danach wurde es als Scheune verwendet. 1936 beschlagnahmte die SS das Gebäude und wandelte es im Zuge des Kults um Heinrich I. in eine nationalsozialistische »Weihestätte« um. Nach der Renovierung nach dem Zweiten Weltkrieg dient St. Wiperti seit 1959 wieder als Gotteshaus. Eine Besonderheit sind die in den Felsen geschlagenen 55 Grabgewölbe auf dem Friedhof.

Brauhaus Lüdde ➡ aB3
Blasiistr. 14, Quedlinburg
✆ (039 46) 70 52 06
www.hotel-brauhaus-luedde.de
Wenn Sie Lust auf ein Knuttenforz oder ein Pubarschknall haben, beides sind Biere, oder gutbürgerliches Essen mögen, sind Sie im Lüdde richtig. Der heutige Gastraum ist der inzwischen überdachte ehemalige Hof der Brauerei. €–€€

Schiller's ➡ aC2
Lange Gasse 32, Quedlinburg
✆ (039 46) 52 80 52
www.schillers-quedlinburg.de
Das Restaurant ist strategisch günstig platziert, nämlich kurz bevor der Anstieg zum Schlossberg beginnt. Hier

Lokal mit Aussicht In Quedlinburgs Zentrum

Ein Fest für die Sinne: der Weihnachtsmarkt in Quedlinburg

stärkt man sich mit kleinen Snacks, einer herzhaften Suppe, knackigen Salaten oder der großen Tapasplatte. Wenn es das Wetter zulässt, sitzen die Gäste gern draußen an den Tischen auf dem Gehweg oder im schattigen Hinterhof. €–€€

Bruschetteria Fachwerq ➡ aB3
Marktstr. 10, Quedlinburg
✆ (039 46) 519 80 51
www.fachwerq-quedlinburg.de
Auf ihrer Website schwärmen die Besitzer stolz von ihrer »weltbesten Crème brûlée«. Wer das nicht glaubt, kann sich entweder auf den Qualitätstest einlassen oder sich am hausgemachten Kuchen versuchen. Zum Kaffee, und der ist wirklich ausgezeichnet, passt beides. Wer es herzhafter mag, bestellt sich eine namensgebende Bruschetta oder eine Suppe. €

Himmel und Hölle ➡ aB3
Hölle 5, Quedlinburg
✆ (039 46) 52 86 55
www.himmelundhoelle-qlb.de
Kleines, gemütliches Restaurant, das Flammkuchen in allen Variationen, aber auch andere kleine Gerichte wie Käsespätzle und Lasagne anbietet. Im Sommer stehen ein paar Tische vor der Tür. €

Ruinenromantik ➡ aB3
Kornmarkt 3, Quedlinburg
www.ruinenromantik.de

Der Name ist Programm. Romantisch geht es in der Ruine wahrlich zu. Besonders abends, wenn der Mond durchs Dachgebälk scheint, kann man sich in eine andere Welt hineinträumen. Wer Hunger hat, der bestellt sich eines der Paninis. Ansonsten legt man hier den Schwerpunkt auf die Getränke: IPA-Biere, Cocktails oder einfach ein Glas Rot- oder Weißwein – die Auswahl ist groß. €

Kochzeit ➜ aC2/3
Lange Gasse 26 A, Quedlinburg
✆ (0160) 596 30 98
www.facebook.com/kochzeitshop.de
Ausgefallene Gewürze, hochwertige Küchenutensilien und fachkundige Beratung. Hier bekommt der anspruchsvolle Hobbykoch alles, was er braucht.

Papier im 7. Himmel ➜ aB3
Marktstr. 15, Quedlinburg
✆ (0176) 567 391 79
www.papier-atelier.com
Es ist schon erstaunlich, was man aus Papier alles machen kann: Papierboote – mal klein als Mobile, mal groß als Deko fürs Wohnzimmer –, Lesezeichen, Collagen, natürlich auch Postkarten. Wer anspruchsvolle Mitbringsel aus Quedlinburg sucht, ist hier im siebten Himmel.

Ausflugsziel:

Harzer Weingut Kirmann ➜ C9
Westerhäuser Gartenstr. 532, Westerhausen
✆ (039 46) 70 14 66
www.harzer-weingut.de
Nur 7 km sind es von Quedlinburg nach Westerhausen, zum einzigen Harzer Weingut. Der Ausflug lohnt sich für jeden Weinliebhaber, denn Matthias Kirmann versteht sein Geschäft. Sein Müller-Thurgau ist der ideale Sommerwein und hat so gar nichts vom Oma-Image, das dieser Rebe oft anhaftet. Der Grauburgunder schmeckt vielschichtig und intensiv. Und wer dem Harz keinen Rotwein zutraut, der sollte den im Barrique ausgebauten Cabernet Mitos versuchen. Vor dem Kauf kann man alle Weine verkosten. ■

Das neugotische Empfangsgebäude des Quedlinburger Bahnhofs von 1862

Auf dem Burgberg steht die Canossasäule

Allein auf dem Gipfel:
Eine Nacht auf dem Burgberg in Bad Harzburg

Bad Harzburg ist ein wunderschönes, kleines Städtchen am Nordrand des Harzes. Der Ort ist vor allem bekannt für seine Kuranlagen und trug zeitweise sogar den Titel »Weltbad«. Heutzutage geht es hier jedoch wesentlich entspannter zu als noch in den frühen Jahren des 20. Jahrhunderts. Ein sehr beliebtes Ausflugsziel ist der Burgberg. Auf 483 Metern Höhe befindet sich die Ruine der großen Harzburg, die zwischen 1065 und 1068 unter Kaiser Heinrich IV. zum Schutz der Kaiserpfalz Goslar erbaut wurde und mittlerweile nur noch an den Grundrissen zu erkennen ist. Ebenfalls bemerkenswert ist die Canossasäule auf dem großen Burgberg, die 1877 zu Ehren von Otto von Bismarck aufgestellt wurde. Der Name spielt auf eine Rede Bismarcks im Reichstag an, in der er sich auf den Gang nach Canossa von Heinrich IV. bezog.

REISEBLOG
Harz

Viele Wege führen vom Stadtzentrum auf den Burgberg. Auf der kürzesten Wanderstrecke sind es nur zwei Kilometer hinauf bis zum Gipfel. Eine andere Route führt am Märchenwald vorbei und ist knapp drei Kilometer lang. Wer möchte, kann jedoch tagsüber auch ganz entspannt die Burgbergbahn nutzen.

Neben der Burgruine befindet sich das Hotel Aussichtsreich. Hier können Gäste bei tollem Ausblick ein Stück Kuchen genießen und Wanderer sich mit einer herzhaften Mahlzeit stärken. Ein ganz besonderes Erlebnis ist jedoch die Übernachtung in einem der sechs Zimmer des Aussichtsreich. Am Abend kehrt hier oben Ruhe ein und als Hotelgast hat man den Burgberg für sich allein – perfekt für entspannte Erkundungsgänge durch die umliegenden Wälder und besondere Ausblicke in der Nacht.

An der Canossasäule eröffnet sich ein toller Blick auf das nächtliche Bad Harzburg und das Okertal. Von den Ruinen auf dem unteren Burgberg erkennt man bei klarer Sicht sogar den zehn Kilometer entfernten Brocken und kann frühmorgens den Sonnenaufgang über dem Harz beobachten. Hier oben ist man weit weg von allem, auch vom Straßenverkehr, und genießt einen sehr entspannten Schlaf.

Für den Rückweg vom Burgberg ins Zentrum von Bad Harzburg empfiehlt sich die BaumSchwebeBahn: Auf 1000 Meter Fahrtstrecke schwebt man sechs Minuten lang durch die Baumwipfel des Harzes. Ein wenig Schwindelfreiheit ist erforderlich, denn man sitzt nur in einer Art Sesselgurt.

***Gut zu wissen:* Unten angekommen lässt sich das Erlebnis Burgberg mit einem Besuch des Baumwipfelpfades abschließen.**

Der Name ist Programm: Hotel Aussichtsreich auf dem Burgberg

Hinab geht es mit der Baum-SchwebeBahn

Gut zu wissen: Die BaumSchwebeBahn ist ganzjährig geöffnet, bei schlechter Witterung wie Sturm und Eisglätte sind Schließungen möglich.

Burgberg-Seilbahn (Talstation) ➡ C5
Nordhäuser Str. 2 B, 38667 Bad Harzburg
✆ (053 22) 753 30
www.bad-harzburg.de/wanderland/burgberg-seilbahn
Eingeschränkter Betrieb bei schlechter Witterung

Plumbohms Aussichtsreich ➡ C5
Gast- und Logierhaus, Burgberg 1
38667 Bad Harzburg
✆ (053 22) 27 06, 32 77
plumbohms.de/aussichtsreich
Der Check-in erfolgt in Plumbohms Echt-Harz-Hotel in der Herzog-Julius-Str. 86 im Tal. Von dort wird das Gepäck auf Wunsch nach oben ins Aussichtsreich transportiert. Frühstück ist bis 11.30 Uhr möglich. Parkplätze gibt es in Bad Harzburg. Im Zimmerpreis enthalten ist die unbegrenzte Freifahrt mit der Burgberg-Seilbahn.

BaumSchwebeBahn Harz ➡ C5
Nordhäuser Straße 2 B
38667 Bad Harzburg
✆ (053 22) 877 79 20, www.baumwipfelpfad-harz.de/baumschwebebahn-harz

REISEBLOG
Harz

Burgruine und Queste:
Wandern rund um Questenberg

Der kleine Ort Questenberg im Südharz hat eine spannende Vergangenheit, ist jedoch nur wenigen Harz-Reisenden bekannt. Dabei lohnt sich der Besuch in vielerlei Hinsicht. Schon in der frühen Eisenzeit haben in dem urkundlich erstmals 1397 erwähnten Ort Menschen gesiedelt und vom Kupferschieferbergbau gelebt. Heute hat Questenberg 267 Einwohner und ist Teil der Gemeinde Südharz. Am nördlichen Ende der Ortschaft befindet sich rund 70 Meter über der Stadt (280 m über NN) die Ruine der mittelalterlichen Questenburg.

Zur wichtigsten Sehenswürdigkeit des Ortes führt nur ein schmaler, steiler Wanderweg etwa 450 Meter hinauf. Bei gutem Wetter und vielen Wandersleuten kann es hier schon mal eng werden, doch der Ausflug lohnt sich. Die spätromanische Questenburg wurde im 13. Jahrhundert vom Grafen von Beichlingen errichtet und wechselte anschließend recht häufig den Besitzer. In der Epoche der Gotik wurde die Burg mehrfach umgebaut. Lange bewohnt wurde sie allerdings nicht: Dokumente aus dem 16. Jahrhundert belegen, dass nur noch der Keller der Burg genutzt wurde.

Ein sehr beliebtes Fotomotiv ist das Tor zur Kernburg, von hier aus hat man auch einen tollen Blick auf die Queste. Der Bergfried ist am besten erhalten – wer mutig ist, kann hineinschauen, ein kleines Schlupfloch

Die Ruinen der mittelalterlichen Questenburg sind idyllisch gelegen

Auch mit Wolken fotogen: die Queste auf dem Questenberg

bietet einen Einblick in das Innere des Turms. Für die Erholung vom steilen Anstieg stehen einige Bänke bei der Burgruine.

Am Ende des Weges begegnet man einer Rolandstatue – eigentlich ein typisches Symbol von städtischen Freiheitsrechten im Mittelalter, das vor allem in Nord- und Ostdeutschland verbreitet war. Der Roland von Questenberg gilt als Symbol der niederen Gerichtsbarkeit, da die Ortschaft zeitweise auch Amtsort der Grafschaft Stolberg war.

Achtung Verwechslungsgefahr: Die Stempelstelle auf der Questenburg gehört ausnahmsweise nicht zur Harzer Wandernadel. Hier handelt es sich um eine Stempelstelle für die Aktion zum Buch »Im Schatten der Hexen«.

Nach dem Besuch der Questenburg lohnt sich eine kurze Wanderung – erneut über einen schmalen Pfad – auf die andere Seite von Questenberg. Schon zu Beginn fällt eine geologische Besonderheit auf: In der Nähe der Questenhöhle befinden sich Gletschertöpfe, die durch das Wasser des Flusses Nasse entstanden sind, das im weichen Gipsgestein vor einigen Jahrtausenden bis zu drei Meter tiefe Spalten und Löcher bildete. Die Höhle ist für Besucher nicht geöffnet.

Weiter geht es über Naturtreppen hinauf zum Questenberg. Auf dem Gipfel der 290 Meter hohen Erhe-

REISEBLOG
Harz

bung südlich der Ortschaft thront eine Queste. Der Kranz aus Birken- und Buchengrün hängt auf einem rund vier Meter hohen Eichenstamm und bietet nicht nur bei schönem Wetter ein besonderes Fotomotiv.

Der Ursprung der Questen-Tradition im Südharz ist noch immer ungeklärt. Es handelt sich vermutlich um eine slawische Tradition, die vor dem Mittelalter entstanden ist. Bis zum heutigen Tag jedoch stellt der Kranz auf dem Questenberg ein besonderes Symbol für die Bewohner des kleinen Harzdorfes dar: Am Pfingstmontag feiern sie das sogenannte Questenfest. Schon um drei Uhr nachts begibt sich die gesamte Dorfgemeinde auf eine gemeinschaftliche Wanderung auf den Questenberg. Dort wird der alte Questen-Kranz pünktlich zum Sonnenaufgang abgenommen, am Nachmittag erfolgt dann ein erneuter Aufstieg, dieses Mal mit einem neuen Questenkranz.

Unterhalb der Queste stehen eine Bank und eine geologische Infotafel. Dort befindet sich auch die Stempelstelle 212 der Harzer Wandernadel.

Beide Ausflugsziele lassen sich hervorragend mit einer Wanderung auf dem Karstwanderweg verbinden. Unterwegs erfährt man einiges über die Entstehung der besonderen Landschaft rund um Questenberg. Eine abwechslungsreiche Tour führt zu Ausblicken in Richtung Kyffhäuser und zu Einblicken in alte Bergbau- und Karsthöhlen. Der Weg ist durch ein weißes K auf rotem Untergrund in weißem Rahmen markiert.

Wer nach den Touren zu den Highlights von Questenberg Hunger bekommen hat, dem empfehle ich einen Stopp im Gasthaus zur Queste in der Dorfstraße 9. Der eher unscheinbare Gasthof bietet keltische und regionale Küche.

Parkplätze

Parkplätze befinden sich sowohl am nördlichen als auch am südlichen Ende von Questenberg. Wer mit öffentlichen Verkehrsmitteln anreisen möchte, sollte vom Bahnhof in Roßla die Buslinie 452 nehmen, die regelmäßig nach Questenberg fährt.

Questenburg ➔ G9
Dorfstr. 31
06536 Südharz

Queste auf dem Questenberg ➔ G9
Braugasse
06536 Südharz

Ein Geheimtipp: Wandern rund um das Örtchen Questenberg

Die Steinberg Alm ist ein hervorragender Ausgangspunkt für Wanderungen

Nah an Goslar und doch mitten in der Natur:
Steinberg Alm »Zum Rösner«

Als berühmte Kaiserpfalz und ehemaliger Bergbauort verfügt Goslar über eine lange Geschichte und eine wunderschöne Innenstadt. Ebenso attraktiv ist die tolle Lage der Stadt, umgeben von reizvoller Natur. Besucher sollten also unbedingt auch einen Ausflug in die umliegenden Erhebungen des Harzes einplanen. Dabei lohnt sich der Besuch eines Gasthauses, auch wenn es in Goslar selbst einige gute Restaurants gibt und hier sogar ein regionales Bier gebraut wird.

Ein für diese Region etwas außergewöhnliches Ziel liegt auf etwa 400 Metern über dem Meeresspiegel: die Steinberg Alm, eine der schönsten Almhütten Norddeutschlands. Vom Stadtzentrum führt der etwa drei Kilometer lange Weg bis hinauf zur Alm an der beeindruckenden Kaiserpfalz vorbei.

Die 162 Meter Höhenunterschied können auch mit dem Auto überwunden werden – knapp 100 Meter hinter der Steinberg Alm befindet sich ein großer Wanderparkplatz. Vor oder nach einer Rast im Gasthaus lassen sich von hier aus Wanderungen zum Granestausee oder zum Steinbergturm unternehmen. Am Turm steht übrigens die 111. Stempelstelle der Harzer Wandernadel. Auch für Kinder wird hier oben viel geboten, so befindet sich ein kleiner Kinderspielplatz in der Nähe des Gasthauses.

REISEBLOG
Harz

Im Jahr 2011 hat die Steinberg Alm ihre Tore für Gäste geöffnet. Die urige Almhütte mit Blick auf das schöne Trüllketal ist vor allem im Sommer gut besucht – bis zu 350 Sitzplätze stehen im Innen- und Außenbereich zur Verfügung. Auch in der Weihnachtszeit ist die Alm ein beliebtes Ziel, wenn bis zu 190 Gäste rund um den Kamin Glühwein und Gans genießen können.

Ob frisches Bier oder Harzabella Zauberwasser, ob Jagertee oder klassischer Kaffee, für jede Tageszeit ist das passende Getränk im Angebot. Für den großen Hunger gibt es z. B. hausgemachten Kaiserschmarren, Käsespätzle oder Wildgulasch, als Snack zwischendurch sind unter anderem der Schwedeneisbecher und die wechselnden hausgemachten Blechkuchen zu empfehlen.

***Gut zu wissen:* Hier oben ist auch sonst viel los: sommerliche Gottesdienste, Veranstaltungen mit Livemusik, Frühschoppen und Grillevents – langweilig wird es jedenfalls nicht.**

Steinberg Alm »Zum Rösner« ➡ C4
Nonnenberg 11, 38644 Goslar
✆ (053 21) 685 65 24
www.steinbergalm.de

Beliebtes Wanderziel ab der Steinberg Alm: der Steinbergturm

Reiseregionen, Orte und Sehenswürdigkeiten

Westharz

Ob Altenau, Bad Grund, Lautenthal oder Clausthal-Zellerfeld, in vielen Städten dieser Region hat man in der Vergangenheit wertvolle Erze aus den Bergen des Harzes gewonnen. Als der Bergbau immer unrentabler wurde, setzen die Orte vermehrt auf den Tourismus und haben sich um das Prädikat »staatlich anerkannter Kurort« bemüht. Besucher finden in der Region auch Weltkulturerbestätten: Den Titel führen die Altstadt von Goslar mit ihren Fachwerkbauten und der Kaiserpfalz, das Erzbergwerk Rammelsberg, das mindestens 3000 Jahre in Betrieb war, und die Oberharzer Wasserwirtschaft, das bedeutendste vorindustrielle Energieversorgungssystem.

ALTENAU ➡ D4/5

Altenau (1600 Einwohner) liegt im oberen Okertal und ist eine der alten Bergwerksstädte im Oberharz. Die letzte Silberhütte wurde 1911 geschlossen. Heute ist die

Das Erzbergwerk Rammelsberg gehört zu den Welkulturerbestätten im Westharz

Altenau liegt in einem idyllischen Tal

kleine Stadt ein staatlich anerkannter heilklimatischer Kurort. Das Stadtbild wird durch viele alte Bergmannshäuser geprägt, für die oft Holz als Baumaterial verwendet wurde. Der Brocken ist nur 12 Kilometer entfernt, an vielen Stellen kann man seinen Gipfel sehen.

Tourist-Information ➡ D4/5
Hüttenstr. 9, 38707 Altenau
✆ (053 28) 80 20
www.oberharz.de

Heimatstube ➡ D4/5
Hüttenstr. 9, Altenau
www.heimatstube-altenau-schulenberg.de
Eintritt frei
Im Kurgastzentrum werden Ausstellungen zur Köhlerei, zum Bergbau, zur Waldarbeit und zur Oberharzer Wasserwirtschaft gezeigt. Außerdem sind Werke des Malers, Holzschnitzers und Dichters Karl Reinecke-Altenau zu sehen.

Kräuterpark ➡ D4/5
Schultal 11, Altenau
✆ (053 28) 91 16 84
www.kraeuterpark-altenau.de
Auf 30 000 m^2 wachsen 1500 Kräuter und Gewürzpflanzen in liebevoll gepflegten Schaubeeten. In der Gewürzpagode wird die Geschichte aller wichtigen Kräuter der Welt beleuchtet. Im Verkaufsraum finden Gourmets mehrere Hundert verschiedene Gewürzmischungen, aber auch Liköre aus dem Harz und Tees sind im Angebot.

Mystisch: Blick auf den Okersee an einem nebligen Morgen

St.-Nikolai-Kirche ➡ D4/5
Bergstr. 1, Altenau
Die Holzkirche mit roter Bretterfassade, dreiseitigem Chor und drei Portalen stammt von 1670 und wurde 2006 letztmalig renoviert. Der recht schlichte Innenraum bietet Platz für 800 Gläubige und beherbergt einen geschmückten Kanzelaltar von 1719.

Der Windbeutel-König ➡ C5
Gemkenthal 1, Altenau
✆ (053 28) 17 13
www.windbeutel.de
Mehr als 40 verschiedene Windbeutel, teils von beeindruckender Größe, stehen auf der Speisekarte. Auch mit herzhaften Füllungen kann man diese Spezialität hier genießen. Terrasse mit Aussicht auf den Okerstausee. €–€€

Harz Keramik ➡ D4/5
Am Mühlenberg 11, Altenau
✆ (053 28) 989 97 98
www.harz-keramik.de
Vor allem Tassen, Teller und Schalen mit traditionellen Motiven stehen zum Verkauf; etwas Besonderes ist die Keramik mit Holz- und Steindekor.

Kristalltherme Heißer Brocken ➡ D4/5
Karl-Reinecke-Weg 35, Altenau
✆ (053 28) 91 15 70
www.kristalltherme-altenau.de
Hier kann man sich in Innen- und Außenbecken im warmen Sole-Heilwasser oder in der Saunalandschaft entspannen. Die wunderbar duftenden Aufgüsse werden vom Kräuterpark gemischt.

Okersee Schifffahrt ➡ C5
Hauptanleger Weißwasserbrücke, nahe Schulenberg im Oberharz (ca. 5 km nördlich von Altenau)
✆ (053 29) 811
www.okersee.de/de/msaquamarin
Die MS AquaMarin ist nach dem Glücksstein der Seefahrer, Forscher und Reisenden benannt und bricht vom Hauptanleger Weißwasserbrücke aus zu Fahrten auf dem Okersee auf.

Die MS AquaMarin befährt den Okersee

Die Umgebung von Torfhaus ist ein wahres Eldorado für Wanderer

Ausflugsziele:

Torfhaus ➡ D5

Der Altenauer Ortsteil Torfhaus liegt rund 800 m hoch im Nationalpark Harz. Früher wurde bei der kleinen Siedlung Torf gestochen, was aber nie wirklich wirtschaftlich war. Der Großparkplatz an der Bundesstraße zeugt vom Besucherandrang. Von Torfhaus kann man auf dem Goetheweg bis zum Gipfel des Brockens oder ins Torfhausmoor wandern. Im Winter lockt Torfhaus Wintersportler mit Loipen und Liften. Seit Herbst 2023 kann man vom 65 m hohen Harzturm eine grandiose Aussicht genießen (harzturm.de) oder beim Skywalk und in der Erlebnisrutsche einen Adrenalinkick erleben.

Nationalpark-Besucherzentrum TorfHaus ➡ D5

Torfhaus 8, 38667 Torfhaus
✆ (05 320) 33 17 90, www.nationalpark-harz.de
Eintritt frei
Das Besucherzentrum informiert mit einer Wildnis-Ausstellung über den Harz sowie den UNESCO Geopark Harz.

Okertal ➡ C4/5

Zwischen Altenau und Goslar erstreckt sich das enge, von schroffen Felsen gesäumte Okertal, das viele Wanderer, Kletterer und Wildwasserkanuten anzieht. Der **Okerstausee** hat eine Wasserfläche von rund 2 km², ist bis zu 65 m tief und fasst rund 47 Mio. Kubikmeter Wasser. Einen Spaziergang auf der 260 m langen und bis zu 75 m hohen Staumauer lässt sich kaum jemand entgehen. Nördlich des Stausees befindet sich direkt an der Straße der **Romkerhaller Wasserfall**, immerhin 60 m hoch, jedoch selten mehr als nur ein Rinnsal. Gegenüber liegt das imposante, aber in die Jahre gekommene Holzhotel »Königreich Romkerhall«.

Torfhaus eröffnet einen grandiosen Blick in den (winterlichen) Harz

Bad Grund ist ein heilklimatischer Kurort

BAD GRUND ➡ C/D3

Schon seit dem 14. Jahrhundert wurde in der ältesten Bergstadt des Oberharzes Silber abgebaut; die Bergbautradition endete 1992 mit der Schließung der letzten Grube. 1855 wurde in Bad Grund (2400 Einwohner), das in einem offenen Tal liegt, das erste Badehaus eröffnet und heute ist es als heilklimatischer Kurort und insbesondere wegen seiner Heilstollentherapie bekannt. Den Marktplatz beherrscht die St. Antonius-Kirche aus dem 16. Jahrhundert. Vor der Kirche erinnert der König-Hübich-Brunnen an die Sagen und Märchen, die sich um den Hübichenstein ranken, der gut ein Kilometer nördlich des Stadtzentrums aufragt.

Tourist Information ➡ C/D3

Im Gesundheitszentrum, Schurfbergstr. 2
37539 Bad Grund
✆ (053 27) 70 07 10, www.bad-grund.de

Bergbaumuseum Knesebeckschacht ➡ C/D3

Knesebek 1, Bad Grund
✆ (053 27) 28 58, www.knesebeckschacht.de
Regelmäßige Führungen

Der Knesebeckschacht gehört zum Weltkulturerbe Oberharzer Wasserwirtschaft sowie zur 1992 stillgelegten Grube »Hilfe Gottes«. Wahrzeichen der Anlage ist der 47 m hohe Hydrokompressorenturm, mit dem Druckluft für die Maschinen in der Grube erzeugt wurde. Die Ausstellungen und das Freigelände zeigen die Entwicklung des Bergbaus bis zur Stilllegung vor allem anhand der verwendeten Maschinen wie z. B. einer Grubenlokomotive.

Illuminiertes Korallenriff in der Iberger Tropfsteinhöhle

Steinalte Geheimnisse modern inszeniert

HöhlenErlebnisZentrum Iberger Tropfsteinhöhle

Bad Grund, Niedersachsen

Über Bad Grund erhebt sich in idyllischer, gleichzeitig von historischem Bergbau und Kalkabbau geprägter Landschaft ein uraltes Korallenriff. Ihm zu Füßen liegt das HöhlenErlebnisZentrum, das Natur, Kultur und Wissenschaft auf besondere Weise miteinander verbindet und zu den überaus spannenden Ausflugszielen der Region zählt.

Überraschend: ein Korallenriff im Harz! Das einstige Riff ist heute ein imposantes Kalkmassiv, der Iberg. Vor 385 Millionen Jahren in der Südsee entstanden, gelangte es durch die Kontinentalverschiebung auf die Nordhalbkugel der Erde und erhob sich zusammen mit dem Harz zum Iberg. Eine untertägige Ausstellung entführt die Gäste ins ehemalige Riff und zeigt, was dieses auf seiner langen Reise alles erlebt hat.

Faszinierend: Die Iberger Tropfsteinhöhle ist auf eine sonst weltweit kaum anzutreffende Art entstanden. Die Verwitterung des Eisenerzes Siderit, das sich im Kalk gebildet hatte, verstärkte die Höhlenbildung. Mit ihren versteinerten Meerestieren, die schon lange gestorben waren, ehe sie im Harz ankamen, jüngeren Sinterkaskaden, mächtigen Bodentropfsteinen und ihrem Bezug zum historischen Bergbau bildet die berühmte Höhle eine faszinierende Unterwelt. Sie ist auch das Reich des sagenhaften Zwergenkönigs Hübich.

Sensationell: Im archäologischen Museum wiederum trifft man auf ein Highlight der europäischen Höhlenarchäologie und die älteste per DNA belegte Großfamilie der Bronzezeit. Die Lichtensteinhöhle nahe Osterode am Harz, etwa 15 Kilometer vom HöhlenErlebnisZentrum entfernt, war ihr spätbronzezeitliches Grab. Das Museum zeigt die vielfältigen Funde, sensationelle Ergebnisse der Forschung an alter DNA, das bereits hochentwickelte Leben der Familie vor fast 3000 Jahren – und sogar deren heutige hochwahrscheinliche Nachfahren!

Info: Etwa 2 km nordwestlich von Bad Grunds Zentrum gelegen. **Info HöhlenErlebnisZentrum:** An der Tropfsteinhöhle 1, 37539 Bad Grund, Tel. (053 27) 82 93 91, www.hoehlen-erlebnis-zentrum.de.

Knochen aus der Lichtensteinhöhle im Höhlennachbau

HöhlenErlebnisZentrum Iberger Tropfsteinhöhle ➜ C3
An der Tropfsteinhöhle 1
Bad Grund
✆ (053 27) 82 93 91
www.hoehlen-erlebnis-zentrum.de
Die viele Millionen Jahre alte Iberger Tropfsteinhöhle ist im Rahmen einer Führung zu entdecken. Davor oder danach erfahren die Besucherinnen und Besucher in den Ausstellungen, die in Eigenregie zu besichtigen sind, alles Wissenswerte über die Funde und Forschungen rund um das Höhlengrab aus der Bronzezeit in der Lichtensteinhöhle bei Osterode.

Uhrenmuseum ➜ C/D3
Elisabethstr. 14
Bad Grund
✆ (053 27) 10 20
www.uhrenmuseum-badgrund.de
Rund 1600 Exponate umfasst die Ausstellung, von großen, tonnenschweren Turmuhren bis zu winzigen Taschenuhren, von Weckern bis zu Schwarzwalduhren und von Wanduhren bis zu Uhren-Kuriositäten.

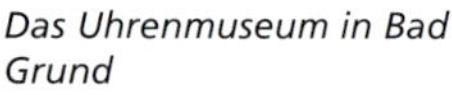

Das Uhrenmuseum in Bad Grund

Sieben Kilometer südöstlich von Bad Grund und wunderbar abgeschieden liegt ein ehemaliger Bergbauteich mit sehr klarem Wasser, der Hahnebalzer Teich

WeltWald Harz ➡ C3
Bad Grund
Zugang von den beiden Parkplätzen am Hübichenstein und an der Hübichalm
Auf einem weitläufigen, hügeligen Gelände wachsen rund 600 verschiedene Bäume und Sträucher aus aller Welt. Das Arboretum ist von Spazierwegen, wie dem japanischen Blütenweg, dem Himalayaweg oder dem Kanadaweg, durchzogen. Infotafeln erläutern die Baumarten und ihre Herkunft. Am Erlebnisweg stehen einige Totempfähle.

Café Antique ➡ C/D3
Markt 12, Bad Grund
✆ (053 27) 30 06
Die hausgemachten Torten genießt man zwischen Antiquitäten. Liebevoll arrangierter Nippes, Kaffeegeschirr und antike Möbel sind zu bewundern. €

Gesundheitszentrum ➡ C/D3
Elisabethstr. 1, Bad Grund
✆ (053 27) 70 07 10
www.gesundheitszentrum-bad-grund.de
Das Sole-Hallenbad lädt mit wohligen 31 °C zum Entspannen ein, außerdem Fitnessstudio und Physiotherapiepraxis. Ein Aufenthalt im Eisensteinstollen hilft bei Atemwegserkrankungen.

Die Tiedexer Straße ist eines der längsten Fachwerkensembles im Norden

Schmuckstück in der Mitte Deutschlands

EINBECK

Einbeck, Niedersachsen

Mittendrin ist Einbeck – so könnte man es mit einem Blick auf die Deutschlandkarte kurz zusammenfassen. Die ehemalige Hansestadt liegt idyllisch eingebettet in sanfte Hügel zwischen den Mittelgebirgszügen Weserbergland, Harz und Solling. Allerlei gibt es zu entdecken, die wichtigsten Stichworte sind Oldtimer, Fachwerk und Bier.

Gar nicht mittendrin, sondern ganz weit vorn ist Einbeck bei den Oldtimern: In einem denkmalgeschützten Kornspeicher unweit der Altstadt präsentiert der PS.SPEICHER 400 mobile Schmuckstücke aus früheren Zeiten. Die interaktive Erlebnisausstellung beleuchtet die Geschichte, Gegenwart und Zukunft der Mobilität auf sechs Stockwerken. Hinzu kommen vier Depots mit weiteren Exponaten und einem Besucherzentrum, sodass in Einbeck mit insgesamt mehr als 2500 Oldtimern Europas größte Sammlung dieser Art zu bestaunen ist.

»Old« sind auch die mit bunten Schnitzereien reich verzierten Fachwerkhäuser der Altstadt, wobei die eindrucksvollsten Exemplare zur Zeit der Renaissance entstanden. Auf jeden Fall in Augenschein nehmen sollten Gäste die Tiedexer Straße, ein besonders gut erhaltenes Beispiel für eine lange Fachwerkzeile in Mischkonstruktion, und das denkmalgeschützte, 400 Jahre alte Eickesche Haus. 100 Köpfe und Masken schmücken die Fassade, vollplastische Krieger an den Eckbalken »tragen« es und 42 Holztafeln demonstrieren bildgewaltig die Themen Bildung und Glauben.

Und auch darauf sind die Einbecker stolz, und das zu Recht: Das Bockbier wurde nicht etwa in Süddeutschland erfunden, sondern im niedersächsischen Einbeck! Die Braumeister aus Einbeck entwickelten im 13. Jahrhundert eine Methode, mit der das süffige, aber doch schnell verderbliche Getränk wesentlich haltbarer und somit transportfähig wurde. Das »Ainpöckisch Bier« konnte so mittels der Hanse in viele Teile Europas exportiert werden und war wenig später in aller Munde. Dank eines – vermutlich – in München tätigen Einbecker Braumeisters und der bayerischen Mundart wurde aus dem »Ainpöckisch« bald das berühmte Bockbier.

Ein weiteres und im Gegensatz zum Bierbrauen heute eher seltenes Traditionshandwerk – inzwischen als immaterielles Kulturerbe der UNESCO ausgezeichnet – wird in Einbeck betrieben: Seit mehr als 380 Jahren gibt es Blaudrucker in der Stadt. Mitten in der Altstadt wird noch heute in althergebrachter Handarbeit im Reservedruckverfahren gedruckt und bebilderte Stadtgeschichte auf Stoffe gebannt.

Und noch ein letzter Tipp: Die über die Stadt verteilten Street-Art-Kunstwerke bilden zusammen eine sehr sehenswerte Open-Air-Galerie.

INFO: Einbeck liegt knapp 40 km westlich von Bad Grund. **INFO EINBECK:** Tourist Information im Eickeschen Haus, Marktstr. 13, 37574 Einbeck, Tel. (055 61) 91 65 55, www.einbeck-tourismus.de.

Einbecks romantische Altstadt mit viel Fachwerk

Der Schweinebraten ist eine wichtige Wegekreuzung am Osthang des Ibergs im Wald nördlich von Bad Grund

Wandern

Der Harzer Baudensteig führt über 100 km und sechs Etappen von Bad Grund nach **Walkenried** ➡ F6. Die 11,6 km lange König-Hübich-Route führt aussichtsreich um Bad Grund herum. Unterwegs erfährt man auf Infotafeln viel über die Sagen der Region. Ein guter Einstieg in die Wanderung befindet sich am Hübichenstein.

Walpurgisnacht ➡ C3

www.walpurgis-badgrund.de
Am 30. April findet alljährlich im Open-Air-Theater am Hübichenstein ein Hexentanz statt.

CLAUSTHAL-ZELLERFELD ➡ C/D4

Bis 1924 waren die beiden Stadtteile Clausthal und Zellerfeld noch eigenständige Orte. Seine Existenz verdankt Clausthal-Zellerfeld (14 800 Einwohner) einzig dem Bergbau, dessen Spuren bis heute vielerorts zu sehen sind. In Clausthal ist das mittelalterliche Stadtbild erhalten geblieben, Zellerfeld jedoch wurde nach dem großen Brand von 1672 mit schachbrettartig angelegten Straßen neu aufgebaut. Wegen des strengen Klimas wurden viele Häuser mit Schiefer oder Holz verkleidet.

Dass man mit dem Bergbau viel Geld verdient hat, zeigt sich am Gebäude des Landesamts für Bergbau, früher Amtssitz des Berghauptmanns, aus dem 18. Jahrhundert oder am Dietzelhaus. Im Jahr 1775 wurde in Clausthal eine Fachschule für Bergbau gegründet, heute ist Clausthal-Zellerfeld die einzige Universitätsstadt im Harz und beherbergt rund 5000 Studenten.

Tourist Information ➡ D4
Adolph-Roemer-Str. 20
38678 Clausthal-Zellerfeld
✆ (053 23) 810 24
www.oberharz.de

Geomuseum ➡ D4
Adolph-Roemer-Str. 2 A
Clausthal-Zellerfeld
✆ (053 23) 72 27 37
www.geomuseum.tu-clausthal.de
Im Hauptgebäude der TU Clausthal wird eine beeindruckende Sammlung von Mineralien und Fossilien präsentiert. Außerdem erfährt man viel über die Geologie des Harzes.

Oberharzer Bergwerksmuseum ➡ C4
Bornhardtstr. 16
Clausthal-Zellerfeld
✆ (053 23) 989 50
www.oberharzerbergwerksmuseum.de

Clausthal-Zellerfeld ist eine Hochburg des Biathlons

Das älteste Bergwerksmuseum Deutschlands besteht aus zwei 300 Jahre alten Bürgerhäusern, einem Freigelände und dem Schaubergwerk. Es beschäftigt sich mit der Geschichte des Erzbergbaus anhand von Modellen und Originalgerätschaften sowie den Lebens- und Arbeitsbedingungen der Bergleute. Nicht entgehen lassen sollte man sich die Führung durch den Besucherstollen. Wer sich für das Weltkulturerbe Oberharzer Wasserwirtschaft interessiert, kann im Museum verschiedene Touren buchen.

Ottiliae-Schacht ➡ C/D4
Am Ottiliaeschacht, Clausthal-Zellerfeld
Infos und Anmeldung über das Oberharzer Bergwerksmuseum
Tagesförderbahn ab Alter Bahnhof am ZOB
Diese Außenstelle des Bergwerksmuseums westlich der Stadt war einst die modernste Erzaufbereitungsanlage

Die größte Holzkirche Deutschlands steht in Clausthal

Es lohnt sich einen Blick auf die Türen der historischen Häuser zu werfen

der Welt, durch den Förderturm ist sie weithin sichtbar. An Sonntagen erreicht man die Schachtanlage am besten mit der historischen Grubenbahn auf der 2 km langen »Tagesförderstrecke«.

Bergapotheke ➡ C4
Bornhardtstr. 12
Clausthal-Zellerfeld
Eines der schönsten Bürgerhäuser von Zellerfeld beherbergt seit 1674 die Bergapotheke. Der mit Holz verkleidete Bau ist an der Front und den Giebeln mit 64 geschnitzten und bunt bemalten Köpfen verziert, keiner gleicht dem anderen. Viele von ihnen sind fratzenhaft. Wahrscheinlich sollten sie den Bewohnern Schutz vor Neid und Hass bieten. Auch die Stuckdecken im Innern sind sehenswert.

Marktkirche zum Heiligen Geist ➡ D4
An der Marktkirche
Clausthal-Zellerfeld
Die größte Holzkirche Deutschlands beherrscht den weiten Hindenburgplatz in Clausthal. Die am Pfingstsonntag 1642 eingeweihte Kirche wurde seitdem mehrfach umgebaut und renoviert, seit 2013 erstrahlt die Fassade wieder in ihrer ursprünglichen Farbe Blau. Der helle Innenraum besteht aus einer dreischiffigen Halle

Elemente der Oberharzer Wasserwirtschaft ...

mit hölzernem Tonnengewölbe. Der Altar wurde zur Einweihung der Kirche von Andreas Gröber, einem bekannten Künstler des Frühbarocks, gefertigt.

Oberharzer Wasserwirtschaft
Das weltweit größte Teich- und Grabensystem zählt zum UNESCO-Welterbe. Seit dem Mittelalter wurde es ständig weiterentwickelt; die Wasserkraft war die Voraussetzung für den effizienten Bergbau im Harz, denn sie trieb die Pumpen an und half bei der Erzförderung. Bis heute sind viele Gräben, Teiche und Wasserläufe noch in Betrieb. Das Bergwerksmuseum organisiert verschiedene Touren zum Kennenlernen der Oberharzer Wasserwirtschaft.

St. Salvatoris ➡ C4
Bornhardstr. 4
Clausthal-Zellerfeld
Die zwischen 1674 und 1684 entstandene Kirche aus Bruch- und Sandstein bildet den Mittelpunkt von Zellerfeld. Ursprünglich ein einschiffiger Bau wurde sie später zu einer dreischiffigen Hallenkirche umgestaltet.

Brauakademie ➡ C4
Bornhardstr. 11, Clausthal-Zellerfeld
✆ (053 28) 802 21
brauakademie-zellerfeld.de
In den historischen Münzräumen wird jetzt Bier gebraut. Hier kann man sich von der Qualität des »Zellerfelder Münzbräu« überzeugen. Angeboten werden neben Führungen auch Seminare, bei denen man die Kunst des Bierbrauens erlernen kann. €

Glück Auf ➡ D4
An der Marktkirche 7, Clausthal-Zellerfeld
✆ (053 23) 16 16
eine.harz.de
Nach der italienischen Vorspeise gibt es Typisches aus dem Harz wie »Köhlerbubenteller« oder »Grubenteller«. Alles reichhaltig und lecker.

Glasdesign Fricke ➡ C4
Bornhardtstr. 11, Clausthal-Zellerfeld
✆ (053 23) 836 38, glasdesign-fricke.de

Glashütte mit Arbeits- und Schauräumen in der alten Zellerfelder Münze. Während eines vierstündigen Seminars kann man sein eigenes gläsernes Kunstwerk herstellen.

Ausflugsziel:

Wildemann mit Besucherbergwerk 19-Lachter-Stollen ➡ C3
Im Sonnenglanz, Wildemann
✆ (053 23) 66 28
www.19-lachter-stollen.de
Tägl. Führungen
Die kleinste der sieben Oberharzer Bergstädte liegt malerisch in einem Tal und wird wegen ihres Aussehens und des Viehtriebs im Frühjahr und Herbst auch »Klein-Tirol des Harzes« genannt. Den Namen Wildemann verdankt die Stadt der Sage vom wilden Mann, einem geheimnisvollen Riesen, der hier im Wald gelebt haben soll.

Das Besucherbergwerk gehört zum UNESCO-Weltkulturerbe. Das 9 m große Kehrrad ist seit der Sanierung von 2013 wieder funktionsfähig.

... sind in Clausthal-Zellerfeld an zahlreichen Orten zu sehen

Blick auf Goslar mit St.-Stephani-Kirche, im Vordergrund der Marktplatz

GOSLAR ➡ B/C4/5

Die ehemalige Kaiserstadt Goslar (50 000 Einwohner) kann auf eine über 1000-jährige Geschichte zurückblicken. Die historische Altstadt mit ihren wunderschönen, liebevoll sanierten Häusern rund um den Marktplatz, der umrahmt ist von Rathaus und Kaiserworth, bildet das touristische Zentrum. Vier Mal täglich (9, 12, 15 und 18 Uhr) erklingt ein Glockenspiel mit Figurenumlauf hoch oben an der Ostseite des Marktplatzes. Es erzählt die Geschichte des Rammelsberger Bergbaus von der Entdeckung durch den Ritter Ramm bis in die Neuzeit. Beim Rathaus befindet sich die bemerkenswerte Skulptur »Nagelkopf« von Rainer Kriester.

Mehrere Museen mit hochkarätigen Ausstellungen, Kirchen und Kapellen sowie die Gildehäuser locken Besucher auch von weither an.

Kutschenfahrt ins Mittelalter

Altstadt von Goslar

Goslar, Niedersachsen

Viele deutsche Städte sind heute das Ergebnis einer mehr oder weniger konsequenten Wiederaufbaupolitik nach 1945. Mit unterschiedlichem Ergebnis – mal mehr, mal weniger gelungen. Einige Städte aber schafften es, den Zweiten Weltkrieg ohne nennenswerte Zerstörung zu überstehen. Einer dieser Glücksfälle heißt Goslar. Dank der Erzfunde im Bergwerk Rammelsberg und der dadurch entdeckten Liebe der Herrscher zur Stadt am Harz entwickelte sich schon im Mittelalter eine rege Bautätigkeit. Wenn der Kaiser in Goslar eine Pfalz errichten ließ, dann musste auch der Rest der Stadt herrschaftlichen Anforderungen genügen.

Auf einer Fläche von nur einem Quadratkilometer, direkt zu Füßen der Kaiserpfalz, liegt der architektonische Schatz Goslars. Kleine winkelige Gassen und Fachwerkhäuser prägen das Bild der Stadt genauso wie die 47 Türme der zahlreichen Kirchen und Kapellen. Seit 1992 gehört die Altstadt von Goslar zum UNESCO-Welterbe.

Die Aussicht auf dieses regelrechte Konzert der Türme kann man von der Marktkirche aus genießen. Wer allerdings nur die 232 Stufen erklimmt, der wird ihr nicht gerecht, auch ein Besuch im Inneren der romanischen Kirche lohnt sich. Glasfenster aus dem 13. und ein bronzenes Taufbecken aus dem 16. Jahrhundert sind mehr als nur einen flüchtigen Blick wert.

Auf dem Marktplatz steht der Marktbrunnen, der auf seinem bronzenen Korpus das Wahrzeichen Goslars, den Adler, trägt. Hier befindet sich auch das Rathaus mit seinen offenen Arkaden. Es wurde zwischen dem 15. und 16. Jahrhundert erbaut und stammt aus der zweiten Blütezeit der – mittlerweile – freien Reichsstadt. Beeindruckend ist vor allem das Innere. Decke, Wände und sogar Fensternischen des Huldigungssaals, in dem früher die Ratsherren tagten, sind flächendeckend mit Malereien verziert.

In unmittelbarer Nähe und als Ausdruck ihrer Macht ließen die Bürger auch die Kaiserworth, ihr Gildehaus, errichten, die das Rathaus optisch an Pracht fast in den Schatten stellt. An der Ostseite des Marktplatzes erklingt ein Glockenspiel im Zwerchgiebel des Kämmereigebäudes, dessen Figuren aus der Geschichte des Rammelsberger Bergbaus von der sagenhaften Entdeckung durch den Ritter Ramm bis zur Neuzeit berichten. Keine fünf Minuten vom Marktplatz entfernt ist in der Glockengießerstraße das St.-Annenhaus zu besichtigen, das älteste erhaltene Fachwerkhaus der Stadt aus dem Jahr 1488.

Info: Goslar liegt am Harz. **Info Goslar:** Tourist Information der Goslar Marketing GmbH, Markt 1, 38640 Goslar, Tel. (053 21) 78 06 55, www.goslar.de.

Die Kaiserworth, das Gildehaus von Goslar

Die Fülle an Fachwerk in Goslar ist beeindruckend

Und natürlich die imposante ❷ **Kaiserpfalz** mit dem Kaiserhaus, dem größten und zugleich besterhaltenen Profanbau des 11. Jahrhunderts in Deutschland, der insbesondere den Salierkaisern als bevorzugte Aufenthaltsstätte diente. Seit 1992 gehören die Altstadt mit dem Pfalzbezirk und das ❸ **Erzbergwerk Rammelsberg** zum UNESCO-Weltkulturerbe.

Tourist Information ➡ B4
Goslar Marketing GmbH, Markt 1
38640 Goslar
✆ (053 21) 78 06 55
www.goslar.de

Bimmelbahn ➡ B/C4
Goslars Innenstadt lässt sich bequem mit der Bimmelbahn erkunden. Start am Rathaus, Dauer ca. 30 Min.

Art Walk ➡ B/C4
Die Tourist Information bietet einen rund 2-stündigen Kunst-Spaziergang durch Goslar an. Start ist am Eingang der Kaiserpfalz, Ende am Mönchehaus Museum. Wer Interesse an weiteren Kunstwerken Goslars hat, kann auf eigene Faust losziehen, der Flyer »Art Walk« liefert die nötigen Informationen.

Goslarer Museum am Museumsufer ➡ B4
Am Museumsufer 2, Goslar
✆ (053 21) 70 47 50
www.goslar.de
Das Museum in einem Fachwerkbau vom Ende des 15. Jh., einem Patrizierhaus vom Anfang des 16. Jh. und einem Neubau vom Anfang des 20. Jh. zeigt in 30 thematischen Abteilungen umfangreiche Sammlungen zur Geschichte der Stadt sowie zur Geologie der Region. Eines der wertvollsten Ausstellungsstücke ist der Krodo-Altar vom Anfang des 12. Jh. Auch der Bergbau und die Erzverhüttung am Beispiel vom Rammelsberg werden thematisiert.

Mönchehaus Museum ➡ B4
Mönchestr. 1, Goslar
✆ (053 21) 49 48
www.moenchehaus.de
Eines der schönsten Ackerbürgerhäuser Goslars vom Beginn des 16. Jh. beherbergt das Museum für zeitgenössische Kunst. Gezeigt werden Werke namhafter Künstler, etwa von Joseph Beuys, Christo oder Anselm Kiefer. Auch die Werke der Preisträger des Goslarer Kaiserrings werden im Mönchehaus präsentiert.

Das Rathaus ist ein Hingucker

Bergbaulandschaft Harz

Die Schätze unter der Erde waren der Hauptgrund für die Besiedlung des Harzes. Bereits in der Bronzezeit – vor 3000 Jahren – hat man angefangen nach wertvollen Metallen zu graben. Systematisch nach Blei, Kupfer, Eisen, Silber und Zink gesucht hat man in Rammelsberg bei Goslar dann ab 968. Man hat Stollen um Stollen in den Berg getrieben, bis sich der Abbau der Metalle nach mehr als 1000 Jahren schließlich nicht mehr lohnte. 1992 schloss dann auch das letzte Bergwerk im Harz. Bis dahin hatten Kaiser und Könige und auch die Mönche des Klosters Walkenried von der Erzgewinnung im Oberharz profitiert. Berge wurden ausgehöhlt, Städte gegründet und auch die Landschaft wurde regelrecht umgebaut, um die Ressourcen Wasser und Wald möglichst gewinnbringend zu nutzen. Weltweit einmalig ist die Oberharzer Wasserwirtschaft, die als größtes vorindustrielles Energieversorgungssystem gilt. Schon im frühen 13. Jahrhundert machten sich die Zisterziensermönche im Kloster Walkenried Gedanken, wie sie die Wasserkraft zum Abbau von Erzen nutzen konnten. Das von ihnen angelegte System wurde in den darauffolgenden Jahrhunderten zunehmend erweitert. Heute wird im Harz zwar kein Erz mehr abgebaut, doch die UNESCO hat die kulturhistorische Bedeutung vieler Industrieanlagen erkannt und diese auf die Weltkulturerbeliste gesetzt. Dazu zählen die Altstadt von Goslar mit der Kaiserpfalz, der Rammelsberg und die Oberharzer Wasserwirtschaft einschließlich des Klosters Walkenried und sechs Bergwerken, die alle besucht werden können (www.welterbeimharz.de/welterbe-im-harz).

Als Pyramiden des Mansfelder Landes werden – wegen ihrer Spitzkegelform – vier weithin sichtbare Halden des Kupferschieferbergbaus im Mansfelder Land bei Eisleben bezeichnet

Dem Pferd sei Dank!

Erzbergwerk Rammelsberg

Goslar, Niedersachsen

Der Harz gilt als eine der erzreichsten Regionen Deutschlands. Für die Entdeckung der ersten Erzader war aber kein Mensch, sondern ein Tier verantwortlich: Laut der Sage ging Ritter Ramm, einer der Gefolgsleute Kaiser Ottos des Großen, im Jahre 968 in den waldigen Hängen in der Nähe des heutigen Goslar auf die Jagd. Das Gelände wurde zunehmend unwegsamer. Daher band der Ritter sein Pferd an einen Baum und stellte dem Wild zu Fuß nach. Allein wurde es dem Pferd langweilig und es begann heftig mit den Hufen zu scharren. Als der Ritter zurückkehrte, hatte sein Pferd eine Erzader freigelegt. Zu Ehren des Ritters erhielt der Berg seinen Namen.

Von der Entdeckung dieser Erzader bis 1988 wurde am Rammelsberg Erz gefördert. Damit ist dies das weltweit einzige Bergwerk, das über 1000 Jahre nahezu ohne Unterbrechung in Betrieb war.

Nach mehr als 30 Millionen Tonnen Silber- und Kupfererzförderung war der Reichtum des Bergs erschöpft. Danach kämpfte ein Bürgerverein für den Erhalt des Bergwerks. Mit Erfolg, denn heute befindet sich hier ein Museum, in dem man auf ein Jahrtausend Bergbaugeschichte zurückblicken kann. Neben den alten Schachtanlagen wie dem Rathstiefsten Stollen aus dem 12. Jahrhundert kann man historische Übertagebauten besichtigen, etwa den Maltermeisterturm aus dem 16. Jahrhundert – das wohl älteste erhaltene Grubengebäude Deutschlands. Auch der Roeder-Stollen mit seinen Wasserrädern, die gleichzeitig zur Entwässerung und zur Förderung genutzt wurden, zählt zu den sehenswerten Industriedenkmälern. Im Museum können sich Besucher außerdem einen Einblick in die Entwicklungen der Montanindustrie verschaffen. Es werden Vorträge rund um das Thema Bergbau angeboten und es gibt eine Geologie- und eine Mineralogieausstellung. Einen eher menschlichen Bezug zu 1000 Jahren Knochenarbeit unter Tage stellt die kultur- und sozialgeschichtliche Abteilung des Museums her.

Ein industrielles Baudenkmal: das Erzbergwerk Rammelsberg

Seit 1992 steht das Erzbergwerk mit der Goslarer Altstadt auf der UNESCO-Liste des Welterbes. Im August 2010 wurde diese Welterbestätte um die Oberharzer Wasserwirtschaft, die vom Mittel- bis ins Industriezeitalter der einzige Energielieferant für den Oberharzer Bergbau war, erweitert.

Info: Im Süden Goslars gelegen. **Info Bergwerk Rammelsberg:** Bergtal 19, 38640 Goslar, Tel. (053 21) 75 00, www.rammelsberg.de.

Aussicht auf den Rammelsberg während einer Radtour

3 Rammelsberg ➜ C4

Bergtal 19, Goslar (ca. 2,5 km südöstl. der Innenstadt)
✆ (053 21) 75 00
www.rammelsberg.de
Auswahl an Führungen

Das Bergwerk datiert zum Teil schon aus dem 9./10. Jahrhundert. Seit 1992 führt die UNESCO die gesamte Anlage als technisches Denkmal in der Welterbeliste. Während verschiedener Führungen erhalten Besucher über und unter Tage, samt Fahrt mit der Grubenbahn und dem Schrägaufzug, einen Einblick in die bergmännische Arbeit.

Zinnfiguren-Museum ➜ B4

Am Museumsufer 1, Goslar
✆ (053 21) 258 89
www.zinnfigurenmuseum-goslar.de

Von den einst mehr als zwei Dutzend Mühlen Goslars entlang der Gose ist nur die Lohmühle erhalten, sie beherbergt heute das Zinnfiguren-Museum. In rund 100 Arrangements wird die Geschichte der Stadt, der Region und sogar der Welt im Kleinformat dargestellt. Anschauen kann man z. B. die Altstadt von Goslar, das Bergwerk Rammelsberg, verschiedene Märchen und Szenen aus dem Dreißigjährigen Krieg.

Frankenberger Kirche ➜ B4

Frankenberger Plan 7, Goslar

Die Pfarrkirche St. Peter und Paul steht auf der Anhöhe Frankenberg und wird deshalb oft als Frankenberger Kirche bezeichnet. Die ehemalige Klosterkirche ist ein schlichtes romanisches Bauwerk, ihr Inneres ist überwiegend im Stil des Barock gehalten.

👁 2 Kaiserpfalz Goslar ➜ B4

Kaiserbleek 6
Goslar
✆ (053 21) 70 44 37
kaiserpfalz.goslar.de

Die erste Kaiserpfalz wurde 1005–15 von Kaiser Heinrich II. erbaut, unter Konrad II. und Heinrich III. wurde das Kaiserhaus 1039–1056 vollendet und erhielt sein heutiges Aussehen. Die großen Fenster an der Ostfassade gehören zum Sommersaal. Wenn es kalt wurde, zog man sich in die Gewölbe des Wintersaals zurück, hier war es durch eine Warmluftheizung viel angenehmer. Die Lehnen des Goslarer Kaiserstuhls aus dem 11. Jh. bilden einen der Höhepunkte der Ausstellung im Wintersaal.

Neben den regulären Führungen im Kaisersaal lohnen noch die beiden Zeitreise-Führungen, die zu ausgewählten Terminen (vgl. Website) angeboten werden: »Im Tross des Reisekönigs: Herrschen und Wohnen in Pfalz und Reich – Leben und Alltag im Gefolge Heinrichs III.« und »Im Auftrag des Kaisers: Ritter zwischen Pfalz und Reichsdienst«.

Kaiser Friedrich Barbarossa vor der Kaiserpfalz in Goslar

Die Lohmühle am »Klapperhagen« wurde im frühen 16. Jahrhundert erbaut

Reisekaisers Unterkunft

Kaiserpfalz in Goslar

Goslar, Niedersachsen

Herrschen war im Mittelalter kein leichtes Geschäft. Jeder Regent war gezwungen umherzureisen, um seine Territorialansprüche zu verteidigen. Die Herrschaft des Kaisers konnte nur dort wahrgenommen werden, wo er sich auch befand. Daher gab es über das gesamte Reich verteilt Unterkünfte, sogenannte Pfalzen. Aachen und Goslar sind die bekanntesten.

UNESCO-Weltkulturerbe: die Kaiserpfalz in Goslar

Bereits kurz nach der Entdeckung der reichen Erzvorkommen im Jahr 968 wurden die ersten Bauten der kaiserlichen Pfalz in Goslar errichtet. Heinrich II. wählte diesen Ort nicht zuletzt wegen der Nähe zum Erzbergwerk am Rammelsberg. Vollendet wurde die Anlage erst durch Heinrich III., der 1048 Benno, einen der bedeutendsten Baumeister des frühen Mittelalters, nach Goslar rief.

Generell bestand jede Pfalz aus einem Palast, einer Kapelle und einem Gutshof. Auch die Kaiserpfalz in Goslar folgt diesem Schema. Sie ist der größte und älteste Profanbau des 11. Jahrhunderts in Deutschland und wurde besonders von den salischen Kaisern gerne besucht. Zu Lebzeiten Heinrichs III. war die Pfalz der berühmteste Wohnsitz des Reichs: Über 200 Tage hielt sich der Kaiser hier auf und beging auch bedeutende Kirchenfeste wie Weihnachten, Ostern und Pfingsten.

Das Kaiserhaus, Kernstück der Goslarer Pfalz, ist bis heute erhalten und beeindruckt schon allein durch seine Größe. So fanden im Kaisersaal mit seinen 47 Metern Länge, 15 Metern Breite und sieben Metern Höhe der Kaiser und sein Gefolge ausreichend Platz, um die weltlichen Dinge der kaiserlichen Besuche abzuwickeln. Hier hielt der Kaiser Hof und sprach Recht. Mehrere Kirchen und Kapellen im Goslarer Pfalzbezirk zeugten vom hohen Stellenwert kirchlicher Belange; noch erhalten ist die Pfalzkapelle St. Ulrich, während die Liebfrauenkirche und das Kollegiatstift St. Simon und Judas bis auf die Vorhalle verschwunden sind.

Im 19. Jahrhundert schien die Anlage dem völligen Verfall preisgegeben, doch eine staatliche Kommission und schließlich der Besuch Kaiser Wilhelms I. verhalfen dem Aufbau zu nationaler Bedeutung. 1879 war die Restaurierung abgeschlossen, die heute nicht unkritisch gesehen wird. Im nationalen Überschwang der wilhelminischen Ära wurde an dem Erscheinungsbild der Gebäude nach dem Geschmack der Zeit »optimiert«. Ein Original ist der Kaiserstuhl, neben dem Aachener Karlsthron der einzige erhaltene Thron eines mittelalterlichen Kaisers. In der Pfalzkapelle liegt das Herz Heinrichs III. begraben.

Info Kaiserpfalz: Kaiserbleek 6, 38640 Goslar, Tel. (053 21) 70 44 37, kaiserpfalz.goslar.de.

Neuwerkkirche ➡ B4
Rosentorstr. 27, Goslar
✆ (053 21) 228 39
www.neuwerkkirche-goslar.de
Die ehemalige Klosterkirche wurde im 12. und 13. Jh. von Zisterziensern als dreischiffige, kreuzförmige Basilika erbaut. Seitdem wurden kaum bauliche Veränderungen vorgenommen, die Kirche zählt zu den bedeutendsten romanischen Bauwerken in Norddeutschland.

Rathaus ➡ B4
Markt 1, Goslar
✆ (053 21) 780 60
www.goslar.de
Informationen zur Besichtigung über die Tourist Information
Der gotische Steinbau mit seinen fünf Arkaden wurde um 1450 errichtet. Im Huldigungssaal, der zwischen 1505 und 1520 entstand, tagten früher die Ratsherren. Decken, Wände und sogar Fensternischen sind vollständig mit künstlerisch wertvollen Tafelgemälden und Rankenschnitzwerk geschmückt.

Wunderschön: der Innenraum der Neuwerkkirche

Der Zwinger liegt mitten in den grünen Wallanlagen Goslars

St. Jakobi ➜ B4

Jakobikirchhof 1, Goslar

Die älteste noch genutzte Pfarrkirche der Stadt wurde erstmals im Jahr 1073 erwähnt. Die anfangs dreischiffige Pfeilerbasilika erfuhr im Laufe der Jahrhunderte zahlreiche Umbauten. Die barocke Innenausstattung stammt teilweise aus dem aufgelösten Stift Riechenberg.

Zwinger ➜ B4

Thomasstr. 2, Goslar

✆ (053 21) 431 40

zwinger.de

Hinter den bis zu 6,5 m dicken Mauern des Befestigungsturms wartet das Mittelalter. Gezeigt werden Waffen, Rüstungen und Foltergeräte. Von der Dachterrasse hat man einen weiten Blick über Goslar. Wer möchte, kann sich zum Ritter ernennen lassen – und die Urkunde mit nach Hause nehmen.

Brauhaus Goslar → B4
Marktkirchhof 2, Goslar
✆ (053 21) 68 58 04
brauhaus-goslar.de
Mehrmals in der Woche wird in dem denkmalgeschützten Haus von 1720 das traditionelle Goslarer Bier – helle Gose, dunkle Gose und Rammelsberger Pils – gebraut. Dazu passt hervorragend der Harzer Spezialitätenteller, rustikal auf der Schieferplatte serviert. €–€€

Schönes Detail in der Goslarer Altstadt

Mittelalterlicher Kaisermarkt → B4
An einem Wochenende Anfang Okt.
Mittelalterliches Treiben auf dem Marktplatz.

Weihnachtlicher Rammelsberg → C4
Am 3. Adventswochenende
Weihnachtsmarkt über und unter Tage in Rammelsberg.

Ausflugsziel:

Kloster Wöltingerode → B5
Wöltingerode 3, Goslar, Ortsteil Vienenburg (ca. 11 km nordwestl. von Goslars Zentrum)
www.woeltingerode.de

Zur Weihnachtszeit verwandelt sich der Marktplatz in ein Lichtermeer

Für den Liebesbankweg wurde ein schönes Symbol gewählt

Wöltingerode hat eine wechselhafte Geschichte: Ende des 12. Jh. als Benediktinerkloster gegründet, später von Zisterzienserinnen genutzt, dann Wallfahrtsort. 1809 wurde das Kloster aufgelöst. Heute beherbergt der Komplex unter anderem ein Hotel, eine Schnapsbrennerei, ein Restaurant, einen Hofladen, einen Kräutergarten und eine Klosterkirche. Auf dem Klostererlebnisweg kann man die gesamte Anlage auf eigene Faust erkunden.

HAHNENKLEE-BOCKSWIESE ➡ C4

Der Doppelort Hahnenklee-Bockswiese (1100 Einwohner) gehört zu Goslar und hat zwei Zentren, von denen Hahnenklee das größere ist. Durch die Lage auf einem Hochplateau, umgeben von Wäldern und Wiesen, herrscht ein gesundes Klima, das vor allem Aktivurlauber schätzen. Möglichkeiten zum Wandern oder für Mountainbike-Touren gibt es viele, vor allem rund um den Bocksberg.

Tourist-Information ➡ C4
Kurhausweg 7, 38644 Goslar-Hahnenklee-Bockswiese
✆ (053 25) 510 40
www.hahnenklee.de

Gustav-Adolf-Kirche ➡ C4
Prof.-Mohrmann-Weg 1
Goslar-Hahnenklee-Bockswiese
www.stabkirche.de
Das Wahrzeichen von Hahnenklee-Bockswiese wurde ab 1907 nach dem Vorbild norwegischer Stabkirchen aus Holz errichtet. Mit ihren übereinander gestaffelten Dächern und den Drachenverzierungen ähnelt sie stark den norwegischen Vorbildern aus der Wikingerzeit, doch ihr Baumeister, Prof. Karl Mohrmann, verwirklichte auch eigene Vorstellungen wie die größeren Fenster, die viel Licht in den Innenraum lassen. Von Mai bis Oktober finden jeden Donnerstag um 19.30 Uhr Konzerte statt.

Bocksberg ➡ C4
✆ (053 25) 25 76
www.erlebnisbocksberg.de

Der 726 m hohe Bocksberg bietet das ganze Jahr über viele Aktivitäten für Aktivurlauber und Familien. Es locken Sommerrodelbahn, Wanderwege, Bikepark, Trampolin, Rutschenturm, coole Dreiräder (Bocksbergcarts) und im Winter die Pisten für Skifahrer und Snowboarder. Kabinenbahn und Sessellift bringen Urlauber bequem in wenigen Minuten bis zum Gipfel. Für eine Stärkung bietet sich die urige Bocksberghütte auf dem Gipfel an.

Liebesbankweg ➡ C4
www.liebesbankweg.de
Der 7 km lange Rundwanderweg um den Bocksberg bietet unterwegs 25 individuell gestaltete Bänke zum Thema Liebe.

LAUTENTHAL ➡ C3

Auch die alte Bergstadt Lautenthal (1600 Einwohner) im romantischen Innerstetal verdankt ihre Blütezeit den Silbererzfunden. Ein rund 200 Kilometer umfassendes Netz an Wanderwegen rund um Lautenthal begeistert Aktivurlauber. Beliebt ist die Wanderung »Rund um den Innerstestausee«, die Rundtour kann auch mit Rad oder Inlineskates absolviert werden.

Kunstrad vor dem Schaubergwerk Lauthenthals Glück

Tourist-Information ➡ C3
Kaspar-Bitter-Str. 7 B
38685 Bergstadt Lautenthal
✆ (053 25) 44 44
www.lautenthal-harz.de

Lautenthals Glück ➡ C3
Wildemanner Str. 25
Lautenthal
✆ (053 25) 44 90
www.lautenthals-glueck.de
Mit dem Grubenzug geht es in das Schaubergwerk, zur St.-Barbara-Kapelle und zu einer kurzen Fahrt auf einem kleinen See unter Tage. Im Erzkahnhafen tief im Berg, auch »Venedig unter Tage« genannt, finden häufig Feiern und Veranstaltungen statt.

Harzer Schnitzelkönig ➡ C3
Wildemanner Str. 9, Lautenthal
✆ (053 25) 588 79 70
www.harzer-schnitzelkoenig.de
Ob es hier die besten Schnitzel im Harz gibt, muss jeder selbst entscheiden, die größten sind es allemal. Lust

Zu jeder Jahreszeit ein Genuss sind Spaziergänge am Granestausee nahe Lautenthal …

auf 1 kg Schnitzel oder 2 m Currywurst? »Nur für erfahrene Extremsportesser« lautet der Hinweis auf der Speisekarte. Es gibt übrigens auch jedes Schnitzel in einer üblichen Größe. €€–€€€

Ausflugsziel:

Wolfshagen ➡ B/C3/4
Rund 6 km nordöstlich von Lautenthal liegt der kleine Urlaubs- und Luftkurort Wolfshagen inmitten von Wiesen und Hügeln. Vor allem Wanderer und Mountainbiker finden hier viele Möglichkeiten; beliebt sind Touren entlang der Talsperren von **Innerstestausee** und **Granestausee.** Besonders an warmen Sommertagen ist das Wölfi-Bad mit großer Liegewiese am Waldrand ein beliebtes Ziel (www.woelfi-bad.de). Mittlerweile weit über die Grenzen des kleinen Orts hinaus bekannt ist die Wolfshäger Hexenbrut, die nicht nur an Walpurgis zum wilden Tanz bittet (wolfshaeger-hexenbrut.de).

... und am Sösestausee nahe Osterode

OSTERODE AM HARZ ➡ D3

Osterode (21 300 Einwohner) wird auch »Tor zum Südharz« genannt. Die Lage zwischen dem Südharzer Karstgebirge und dem Sösestausee könnte kaum schöner sein. An die lange Geschichte, die schon im 9. Jahrhundert begann, erinnert die Burgruine auf einem Hügel. Ihre Lage an wichtigen Handelswegen führte zur Mitgliedschaft in der Hanse. Vom 14. bis 17. Jahrhundert sorgten Eisengewinnung und -verhüttung für Wohlstand. Während der deutschen Teilung erwies sich die Lage im Zonenrandgebiet als Nachteil. Berühmtester Sohn der Stadt war der Bildhauer Tilman Riemenschneider, der seine Jugend in Osterode verbrachte.

Das Stadtbild wird geprägt von alten Fachwerkhäusern; rund um den zentralen Kornmarkt sind sie besonders prächtig, herausragende Beispiele sind das Alte Rathaus und das Rinnesche Haus. Teile der einst 1,7 Kilometer langen Stadtmauer umgeben bis heute die Altstadt.

Tourist Information ➡ D3
Eisensteinstr. 1, 37520 Osterode am Harz
✆ (055 22) 31 80
www.osterode.de

Museum im Ritterhaus ➡ D3
Rollberg 32, Osterode am Harz
✆ (055 22) 91 97 93
wibo.osterode.de/museum
Eintritt frei

Das Kommandantenhaus in der Aegidienstraße von Osterode wurde um 1600 erbaut

Schon allein das imposante Fachwerkgebäude aus dem 17. Jh., in dem das Museum zur Stadt- und Regionalgeschichte untergebracht ist, lohnt den Besuch. Die Ausstellungen thematisieren die Geologie der Region, die Handwerks- und Industriegeschichte sowie das Apothekenwesen. Zu bewundern ist auch der originale Hexenthron aus dem Kinofilm »Die kleine Hexe«, gedreht nach dem Roman von Otfried Preußler. Außerdem gibt es eine Sammlung regionaler Trachten und Informationen zum Bildschnitzer Tilman Riemenschneider. Sonderstempel der Harzer Wandernadel.

Das Denkmal vor dem Alten Rathaus von Osterode erinnert an die Eseltreiber, die früher eine wichtige Rolle beim Transport von Getreide und Hülsenfrüchten im Harz spielten

St. Aegidien ➡ D3
Uehrde 38
Osterode am Harz
www.aegidien-marktkirche.de
Der Vorgängerbau wurde durch den Stadtbrand 1545 vollständig zerstört, der Wiederaufbau der Marktkirche dauerte mehrere Jahre. Im Innern sind die Kassettendecke, der Altar im frühen Barockstil und die Grabplatten der Fürsten von Grubenhagen im Chor sehenswert.

St. Jacobi ➡ D3
Schlossplatz 3, Osterode am Harz
stjacobi-osterode.wir-e.de
Erstmals erwähnt wurde die Kirche im Zusammenhang mit dem Zisterzienserkloster, das 1540 aufgelöst wurde. Danach wurden die Klostergebäude zum Schloss umgebaut und die Kirche zur Schlosskirche. Ihre heutige Gestalt erhielt sie Mitte des 18. Jh.

Osteroder Vogelstation ➡ D3
Scheerenberger Str. 104
Osterode am Harz
✆ (01 71) 890 78 05
www.osterode.de/vogelstation
Nach einem rund 500 m langen Spaziergang vom Parkplatz »Campingplatz Sösetal« erreicht man die Vogelstation mitten im Wald. Auf einem Rundweg kommt man vielen einheimischen Vögeln nahe, vor allem Kinder freuen sich über frei laufende Hühner, Laufenten, Pfaue und Kaninche. Die Vogelstation ist kein Tierpark, sie dient in erster Linie als Auffangstation für kranke und verletzte Vögel.

Café Dornemann Conditorei & Bäckerei ➡ D3
Marientorstr. 3
Osterode am Harz
✆ (055 22) 22 81
foto-torte.de
Die Torten sind wahre Meisterwerke – optisch wie geschmacklich. Auch Brot, Brötchen und alle weiteren Backwaren werden von Bäckermeister Jörg Dornemann im Haus hergestellt.

Steffis Café-Zeit ➡ D3
Waagestr. 12
Osterode am Harz
✆ (0176) 73 94 92 49
www.café-zeit.de
Das kleine Café möchte eine Oase der Ruhe sein, in der man hervorragenden Kaffee und ein Stück hausgemachten Kuchen genießen kann.

Wochenmarkt ➡ D3
Kornmarkt, Osterode am Harz
Di und Sa vormittags
Rund um den Kornmarkt kommen zweimal wöchentlich viele lokale Anbieter zusammen, um ihre Produkte zu verkaufen.

Wochenmarkt am zentralen Kornmarkt

Der Eselsplatz (Stempelstelle 140) bietet sich als Rastplatz an für Wanderer, die ab Osterode den Harzer-Hexen-Stieg hinaufgehen

Wandern

Von Osterode aus kann man in den Harzer-Hexen-Stieg, den Harzer-Bauden-Stieg, den Harzer Försterstieg und den Karstwanderweg einsteigen. Detaillierte Infos zu den einzelnen Wanderungen auf der Website der Tourist Information.

OSTERWIECK ➡ B6

Rund 400 Fachwerkhäuser machen Osterwieck (11 000 Einwohner) zur »Perle Sachsen-Anhalts«. Die Stadt liegt einige Kilometer nördlich vom Harz und blickt auf eine mehr als 1000-jährige Geschichte zurück. Viele – zum Teil mit kunstvollen Schnitzereien und Inschriften verzierte – Fachwerkhäuser aus unterschiedlichen Stilepochen bilden ein historisches Ensemble, das dem von Quedlinburg und Wernigerode kaum nachsteht.

Der spätmittelalterliche Schäfers Hof (Kapellenstr. 27) von 1527 zählt zu den schönsten Hofanlagen der Stadt. Nur wenige Jahre später wurde das Eulenspiegelhaus (Schulzenstr. 8) erbaut und anfangs als Ratsstübchen genutzt. Die Fassade ist mit geschnitzten Ornamenten,

Tier- und Fabelwesen geschmückt. Besonders auffällig ist eine weiße Schere auf rotem Grund. Historiker vermuten, dass früher die Gewandschneidergilde hier ihren Sitz hatte. Eine Legende besagt, dass Till Eulenspiegel als Schneidergeselle gearbeitet hat, zusammen mit einer Eule und einem Narren auf der Fassade könnte dies den Namen des Hauses erklären.

Tourist Information ➡ B6
Am Markt 10
38835 Osterwieck
✆ (03 94 21) 79 35 55
www.stadt-osterwieck.de

Heimatmuseum ➡ B6
Am Markt 1, Osterwieck
✆ (03 94 21) 294 41
Das kleine Heimatmuseum ist im Rathaus von 1554 untergebracht, die lokalhistorischen Ausstellungen befassen sich vor allem mit den Gilden und dem Ledergeld.

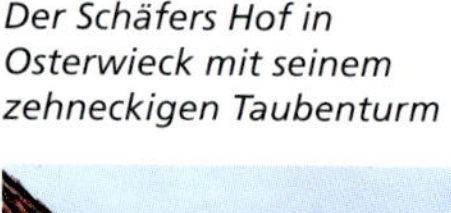

Der Schäfers Hof in Osterwieck mit seinem zehneckigen Taubenturm

Speerspitze der Archäologie

FORSCHUNGSMUSEUM SCHÖNINGEN

Schöningen, Niedersachsen

Ein Souvenir aus der Zukunft: So wirkt das Gebäude mit seiner Verkleidung aus schrägen Spiegelglasflächen, die den Himmel und das sanft gewellte Harzvorland des südöstlichen Niedersachsens zurückwerfen. Dabei begibt

Der futuristische Museumsbau lädt zu einer spannenden Reise in die Frühzeit der Menschen ein

man sich schon auf dem Gelände rund um den futuristischen Bau rückwärts in der Zeit in eine Steppenlandschaft mit Pflanzen, die – durch Fossilienfunde belegt – im Paläolithikum hier vorherrschten.

Versteinerte Gräser sind jedoch nicht der spektakulärste Fund, der hier, auf dem Areal eines Braunkohletagebaus, aus der Erde geholt wurde: Nichts weniger als die weltweit ältesten erhaltenen Jagdwaffen der Menschheit konnten die Archäologen rund um Hartmut Thieme 1994 gerade noch vor den Schaufelradbaggern des Tagebaus retten, mit denen die Ausgrabung stets im Wettlauf stand. Acht Holzspeere, vor etwa 300 000 Jahren an dieser Stelle vom Homo heidelbergensis am Rand eines Seeufers nahe seinem Jagdlager zurückgelassen. Günstige geologische Bedingungen konservierten die Wurfwaffen wie durch ein Wunder bis in unsere Zeit. Eine absolute Sensation!

Im Jahr 2013 bekamen die wertvollen Stücke mit dem vom Büro Holzer Kobler Architekturen entworfenen Museumsbau endlich einen passenden Präsentationsrahmen, das »paläon – Erlebniszentrum Schöninger Speere« öffnete seine Pforten. Seit Juli 2019 organisiert nun das Niedersächsische Landesamt für Denkmalpflege die Ausstellung als Forschungsmuseum. Die Besucherinnen und Besucher erfahren viel über die Archäologie jägerisch lebender Frühmenschengruppen.

INFO: 45 km südlich von Wolfsburg und gut 30 km nordöstlich von Osterwieck gelegen. **INFO FORSCHUNGSMUSEUM SCHÖNINGEN:** Paläon 1, 38364 Schöningen, Tel. (053 52) 909 11-0, forschungsmuseum-schoeningen.de.

St. Stephanikirche ➡ B6
Stephanikirchhof 1
Osterwieck
Ihre beiden romanischen, über 50 m hohen Türme sind schon aus der Ferne auszumachen. Im Innern der Hallenkirche beeindrucken die vielen Epitaphien, ein gotischer Altarschrein, die Kanzel sowie das Chorgestühl aus dem 17. Jh.

Ausflugsziel:

Wasserschloss Westerburg ➡ A7
Westerburg 34, Westerburg
✆ (03 94 22) 95 50
www.hotel-westerburg.de
Rund 15 km nordöstlich von Osterwieck befindet sich an der Straße der Romanik das älteste noch erhaltene Wasserschloss Deutschlands, das im 11. Jh. sein heutiges Aussehen mit Bergfried und Ringmauern erhielt. Heute beherbergt Burg Westerburg ein Hotel mit Spa.

Verträumte Ecken gibt es viele in Osterwieck

Das städtische Museum Seesen ist in einem ehemaligen Jagdschloss untergebracht

SEESEN ➡ C3

Seesen (19 000 Einwohner) liegt am nordwestlichen Harzrand und wurde erstmals 974 urkundlich als Sehusa erwähnt. Schöne Fachwerkhäuser, ein lebendiger Wochenmarkt und ein engagiertes Kulturzentrum machen Seesen zu einer lebendigen Stadt, die sich gern an ihre berühmten Einwohner Wilhelm Busch und den Klavierbauer Heinrich Engelhard Steinweg (in den USA nannte er sich später H. E. Steinway) erinnert. Auch der Seesener Klempnermeister Züchner erlangte eine gewisse Bekanntheit, denn er stellte 1830 die ersten Konservendosen in Deutschland her.

Tourist-Information ➡ C3

Jacobsonstr. 9, 38723 Seesen
✆ (053 81) 98 41 77
stadtmarketing-seesen.de

Städtisches Museum ➡ C3

Wilhelmsplatz 4, Seesen
✆ (053 81) 488 91, www.museum-seesen.de
Seit 1964 befindet sich das Museum im ehemals herzoglichen Jagdschloss, das von schönen Grünanlagen umgeben ist. Die Dauerausstellung widmet sich der Stadtgeschichte, der Klavierbauerfamilie Steinweg sowie den Ursprüngen der Konservendose.

Burg Sehusa ➡ C3

Wilhelmsplatz 1, Seesen
Erstmals wurde die Welfenburg 1282 urkundlich erwähnt, seitdem allerdings mehrfach umgebaut. Heute beherbergt das Gebäude das Amtsgericht und ist nicht zu besichtigen.

St. Andreas ➡ C3
Hinter der Kirche 1 A, Seesen
www.kirche-in-seesen.de
Die 1702 geweihte barocke Kirche ist mit der zweigeschossigen Empore und der Verbindung von Kanzel und Altar, die auf acht rosafarbenen Säulen stehen, einzigartig. Wegen der hervorragenden Akustik finden hier häufig Konzerte statt.

Steinway Park ➡ C3
Eingang Lautenthaler Str. 70, Seesen
www.steinway-park-seesen.de, steinway-trail.de
300 alte Bäume machen den Park zu einer grünen Oase. Auf dem rund 15 km langen Steinway-Trail wandert man auf den Spuren des berühmten Klavierbauers von Seesen nach Wolfshagen.

Sehusa Wasserwelt ➡ C3
Engelader Str. 3, Seesen
✆ (053 81) 980 72 80
www.sehusa-wasserwelt.de
Schwimmbecken, Rutsche, Solebecken, Biobad, Saunalandschaft und Außenanlage.

Schön gelb: Rapsfeld bei Seesen

Sehusa Fest ➡ C3
Seesen
www.sehusafest.de
Seit 1975 findet am ersten Wochenende im September rund um die Burg das größte Historienfest Norddeutschlands statt. Mehr als 1000 Seesener präsentieren sich in historischen Gewändern vom Mittelalter bis zum Rokoko.

Ausflugsziel:

Wilhelm-Busch-Haus ➡ B2
Pastor-Nöldeke-Weg 7, Seesen
✆ (053 84) 908 86
www.wilhelm-busch-haus.de
Im Ortsteil Mechtshausen hat der Dichter und Zeichner Wilhelm Busch (1832–1908) die letzten zehn Jahre seines Lebens verbracht. Die Ausstellung gibt einen Einblick in sein Leben und Wirken. Zwei Räume sind noch wie zu Buschs Zeiten eingerichtet.

Darauf freuen sich viele Wanderer im Nationalpark Harz: Wälder und Flüsse, hier die Ilse

Rund um den Nationalpark Harz und den Brocken

Egal ob zu Fuß, mit dem Rad oder der schnaufenden Brockenbahn, den Ausflug zum Brocken hat jeder Harz-Besucher auf dem Reiseplan. Der Magie der kahlen Kuppe, die 1141 Meter aus der norddeutschen Tiefebene aufragt, kann man sich kaum entziehen – und das nicht nur in der Walpurgisnacht, wenn hier die Hexen tanzen. Rund um den Brocken erstreckt sich der Nationalpark Harz mit seinen Wäldern, die sich vielerorts in einem dramatischen Wandel vom Wirtschaftswald zum (kranken) Urwald befinden. Deshalb wird man sich – auch auf dem Weg hinauf zum Brocken – noch einige Jahre oder sogar Jahrzehnte an Berghänge mit abgestorbenen Bäumen gewöhnen müssen. Neben den Wäldern locken auch einige Kurorte wie Bad Harzburg, Bad Lauterberg und Bad Sachsa und natürlich Wernigerode mit seiner wunderschönen Altstadt.

BAD HARZBURG ➡ C5

Bad Harzburg (21 800 Einwohner) liegt an den nördlichen Ausläufern des Harzes, reicht im Süden bis zum Tal der Radau und grenzt an den Nationalpark. Folgt man der Herzog-Wilhelm-Straße, die von den Einheimischen gern »Bummelallee« genannt wird, bis zum

Kurpark, kann man noch ein wenig vom Flair aus den Anfängen des Heilbades um 1900 erahnen. Bis heute sind einige repräsentative Villen im Bäderstil erhalten; an der Bummelallee fällt besonders die Nr. 104 ins Auge, ein reich verzierter Bau, der ab 1896 als Hotel Parkhaus zu einem beliebten Reiseziel im Harz wurde. Heute beherbergt das Gebäude eine Einkaufspassage. Auch ein Spaziergang durch den Kurpark am Fuß des Burgbergs mit Luchsbrunnen, Barfußstationen, Wasser-Erlebnis-Weg, Bänken, Beeten und Grünflächen gehört zu einem Besuch von Bad Harzburg.

Doch die Stadt verlässt sich nicht mehr nur auf ihren Ruf als eines der bekanntesten Heilbäder des letzten Jahrhunderts, vielmehr versucht man mit vielen Angeboten für Aktivurlauber sowie dem Baumwipfelpfad und dem Hochseilpark auch jüngere Reisende und Familien anzulocken. Ein weiter Blick über das Harzer Vorland eröffnet sich vom Burgberg, zu dem eine Seilbahn hinauffährt. Von der Burg sind heute nur noch wenige Mauerreste zu sehen. Die Canossasäule, ein Obelisk ohne Verzierungen, zeigt das Profilbild Otto von Bismarcks mit der Jahreszahl 1877.

Tourist Information ➡ C5
Nordhäuser Str. 4
38667 Bad Harzburg
✆ (053 22) 753 30, www.bad-harzburg.de

HarzWaldHaus ➡ C5
Nordhäuser Str. 2 E
Bad Harzburg
✆ (053 22) 78 43 37
www.landesforsten.de/erleben/unsere-naturtalente/harzwaldhaus
Interaktiv und unterhaltsam präsentiert die Ausstellung Informationen über die Harzer Wälder. Das Leben der wieder angesiedelten Luchse sind ein Hauptthema der Ausstellung. Wer schon immer etwas über Waldameisen erfahren wollte, ist hier richtig.

Burgberg-Seilbahn ➡ C5
Nordhäuser Str. 2 B
Bad Harzburg
Infos über die Tourist Information
Seit 1929 gelangt man mit den Gondeln der Seilbahn in wenigen Minuten auf den 483 m hohen Burgberg. Vom Gipfel bietet sich ein weiter Blick auf die Stadt und die Berge des Harzes.

Trink- und Wandelhalle ➡ C5
Im Badepark, Bad Harzburg
Bad Harzburg ist ein staatlich anerkanntes Sole-Heilbad. Im fluoridhaltigen Natrium-Chlorid-Wasser kann man baden oder es in der Wandelhalle in historischem Ambiente verköstigen, beide Anwendungen sollen

Panoramasicht auf das Tal, einschließlich der Kurstadt Bad Harzburg, von der Aussichtsplattform auf dem Burgberg

eine heilende Wirkung haben. Die 100 m lange Wandelhalle wurde 1898 mit offener Arkadenreihe im Badepark errichtet.

Marienteichbaude ➡ C5
Marienteichbaude 1, Bad Harzburg
✆ (053 22) 836 28
www.marienteichbaude.de
Wild futtern, Wild füttern, Wild (er)leben und wild feiern – mit diesem Motto wirbt die Waldgaststätte. Das Fleisch ist von bester Qualität und ein typisches Gericht aus dem Harz gibt es auch: Harzer Schmorwurst mit Sauerkraut und Kartoffeln. €€

Café Peters ➡ C5
Herzog-Wilhelm-Str. 106, Bad Harzburg
✆ (053 22) 28 27, cafepeters.de
Vor gut 100 Jahren hat Emil Peters das Café eröffnet und es zu einem der besten in Bad Harzburg gemacht. Er hat auch die Sponblätter erfunden: Die Spezialität besteht aus kross gebackener Mandel-Marzipan-Masse, überzogen mit dunkler Kuvertüre. Sponblätter heißen sie, weil sie sich beim Backen wie ein abgehobelter Span wölben. €

Der Baumwipfelpfad in Bad Harzburg eröffnet neue Perspektiven …

... und geht mit dem modernen Zugang schon gut los

Baumwipfelpfad ➡ C5
BurgBergCenter
Nordhäuser Str. 2 B, Bad Harzburg
✆ (053 22) 877 79 20
www.baumwipfelpfad-harz.de
Kombiticket mit Berg- oder Talfahrt der Burgberg-Seilbahn erhältlich
Der Baumwipfelpfad beginnt am Fuß des Burgbergs im Kurpark. Von hier geht es 1000 m durch die Baumkronen des Kalten Tals, unterwegs warten 50 Erlebnisstationen, Glassteg und Hängebrücke. Das ganze Jahr über gibt es Sonderveranstaltungen wie das »Wipfelleuchten« während des Salz- und Lichterfestes im August oder die »Wipfelweihnacht« am 3. Adventswochenende. Frühaufsteher können den Sonnenaufgang über den Baumkronen erleben. Das neueste Erlebnis ist die BaumSchwebeBahn vom Burgberg hinunter ins Tal.

Skyrope ➡ C5
Im Kalten Tal, Bad Harzburg
✆ (053 22) 753 33
skyrope.de
Hochseilpark, Big Swing und Kletterwand locken am Fuß des Burgbergs. Der Park ist auch ein beliebtes Ziel für Wander- und Projekttage.

Sole-Therme ➡ C5
Nordhäuser Str. 2 A, Bad Harzburg
✆ (053 22) 753 60
www.bad-harzburg.de

Lustig geht es zu im »Jungbrunnen« von Jochen Müller in Bad Harzburg

Die Sole kommt aus mehr als 800 m Tiefe. Man kann drinnen und draußen im 32 °C warmen Wasser schwimmen, acht verschiedene Saunen nutzen und diverse Therapieangebote buchen.

Galopprennwoche ➡ C5
Bad Harzburg
harzburger-rennverein.de
Die alljährliche Bad Harzburger Galopprennwoche Ende Juli lockt vor allem Pferdeliebhaber an.

Salz- und Lichterfest ➡ C5
Bad Harzburg
salz-und-lichterfest.de
Gut besuchtes Fest am letzten Augustwochenende.

Ausflugsziele:

Waldgasthaus Rabenklippen ➡ C5
✆ (053 22) 28 55
www.waldgasthaus-rabenklippe.de
Seit dem 19. Jh. sind die rund 4 km südöstlich von Bad Harzburg gelegenen, 200 m tief ins Eckertal abfallenden Klippen ein beliebtes Ziel für Wanderer. Von der Waldgaststätte Rabenklippen, die nur zu Fuß, mit

dem Mountainbike oder dem Bus zu erreichen ist, hat man einen weiten Blick über die bewaldeten Hügel. Im Schaugehege Rabenklippe kann man einige der scheuen Luchse während der Fütterungen Mi und Sa jeweils um 14.30 Uhr beobachten.

Radau-Wasserfall ➡ C5
homepage.radau-wasserfall.de
Direkt an der Bundesstraße 4 liegt rund 3 km südlich von Bad Harzburg der 22 m hohe Radaufall, der durch eine Umleitung des Flusses entstanden ist. Gleich neben dem Wasserfall kann man in der gleichnamigen Waldgaststätte eine Pause machen.

BAD LAUTERBERG IM HARZ ➡ E5

Auf dem Hausberg gab es schon im 12. Jahrhundert eine Burg, ab dem 16. Jahrhundert wurde Bergbau betrieben. Die letzte Gießerei war noch bis 2001 in Betrieb, in der Grube »Wolkenhügel« wurde bis 2007 Schwerspat abgebaut. Damit war die Erzförderung im Harz Geschichte, seitdem kann Bergbau nur noch im Museum besichtigt werden.

1839 wurde in Bad Lauterberg (10 300 Einwohner) die erste Kaltwasserheilanstalt eröffnet, es war der Beginn des staatlich anerkannten Kneipp-Heilbades. Im weitläufigen Kurpark spazieren die Gäste heute an Teichen vorbei und unter alten Bäumen hindurch. Wer will kann in Wasserbecken Kneipp'sche Anwendungen durchführen. Im Park stehen der historische Brunnenpavillon, das Kurhaus von 1910 und ein Konzertpavillon und im Haus des Gastes gibt es eine Trink- und Wandelhalle. Auch das Freizeitangebot im Park ist groß: Fitnessanlage, Freiluftschach, Boule, Minigolf und Tischtennis. In der kleinen Altstadt bietet der »Boulevard« Läden, Restaurants und Cafés.

Tourist Information ➡ E5
Ritscherstr. 4, 37431 Bad Lauterberg im Harz
✆ (055 24) 85 31 90
www.badlauterberg.de

Bismarckturm ➡ E5
Bismarckturm 1, Bad Lauterberg im Harz

✆ (055 24) 806 61
www.bismarckturmbadlauterberg.de
Der rund 15 m hohe Turm wurde 1904 zu Ehren des Reichskanzlers Otto von Bismarck auf der Kuppe des Kummelberges errichtet. Von der Aussichtsplattform reicht der Blick bis zum Brocken und zur Odertalsperre. In der Waldgaststätte kann man sich mit regionaltypischen Gerichten stärken.

Burgseilbahn ➜ E5
Schulstr. 21, Bad Lauterberg im Harz
✆ (055 24) 48 38
www.burgseilbahn-bad-lauterberg.de

Der Bismarckturm bei Bad Lauterberg wurde 1904 als Aussichtsturm errichtet

Die Seilbahn bringt die Besucher vom Stadtzentrum auf den Gipfel des Hausbergs

Die 110 Höhenmeter vom Stadtzentrum bis zum Gipfel legt man in einem Doppelsessel zurück. Auf dem Hausberg befinden sich die Reste der Burg und eine Ausflugsgaststätte.

Königshütte ➡ E5
Königshütte 1
Bad Lauterberg im Harz
✆ (055 17) 70 06 83
www.koenigshuette-badlauterberg.de
Führungen durch den Förderkreis, Treffpunkt am Hüttenbrunnen
Eintritt frei, Spende erbeten
Die Eisenhütte und die Gießerei gingen 1733 in Betrieb, die meisten Gebäude des Industriedenkmals stammen aus dem frühen 19. Jh. Das Gelände diente schon mehrfach als Filmkulisse.

Wiesenbeker Teich ➡ E5
Bad Lauterberg im Harz
Wenige Kilometer östlich vom Stadtzentrum befindet sich der Wiesenbeker Teich. Als Teil des Oberharzer Wasserregals gehört er zum UNESCO-Weltkulturerbe. Ab 1715 versorgte er das Kupferbergwerk »Aufrichtigkeit« mit Wasser, später die Königshütte. An seinem Südufer liegt ein Campingpark (www.campingwiesenbek.de).

In der Berggaststätte Hausberg bei Bad Lauterberg speisen die Gäste mit Panoramablick

2-Meister-Conditorei Mangold ➡ E5
Hauptstr. 142–144
Bad Lauterberg im Harz
✆ (055 24) 21 25
www.cafe-mangold.de
Die Konditormeister Cornelia und Florian Mangold verstehen ihr Handwerk – ob Torten, Pralinen oder Trüffel, alles ist von erlesener Qualität. »Typisch Harz« sind der Lauterberger Lehm, die Harzer Blätter und der Fruchtaufstrich mit Schierker Feuerstein. €

Kirchberg-Therme ➡ E5
Kirchberg 7–11
Bad Lauterberg im Harz
✆ (055 24) 85 90
www.gollee.de/de/wellness-spa-therme
Das Spa- und Fitnessresort bietet Thermal-Sole-Becken und Whirlpools sowie warme Süßwasserlagunen. Wer es lieber ganz heiß mag, besucht die Saunalandschaft.

Vitamar ➡ E5
Masttal 1, Bad Lauterberg im Harz
✆ (055 24) 852 03 90
www.vitamar.de
Auf 1000 m² wartet viel Bade- und Saunaspaß: Wellenbecken, Rutsche, Wildwasserkanal, Whirlpools, Außenbereich mit Liegeflächen, Saunalandschaft sowie Gastronomie.

BAD SACHSA ➡ F5

Der heilklimatische Kurort Bad Sachsa (7300 Einwohner) liegt am sonnigen Südrand des Harzes. Die Kleinstadt punktet mit einem charmanten Ortskern, der barocken St.-Nikolai-Kirche, dem Rathaus mit Jugendstilinterieur, einigen Fachwerkhäusern und einem Vitalpark – dem Kurpark mit Wassertretanlage, Barfußpfad und Spielplatz.

Tourist Information ➡ F5
Am Kurpark 6, 37441 Bad Sachsa
✆ (055 23) 47 49 90
www.bad-sachsa.de

Grenzlandmuseum ➡ F5
Am Kurpark 6, Bad Sachsa
✆ (055 23) 99 97 73
www.grenzlandmuseum-badsachsa.de
Anhand von Originalen und Artefakten werden die Auswirkungen der deutschen Teilung beleuchtet. Insbesondere geht es um Fluchtversuche und das Leben im ehemaligen Grenzgebiet.

Nachgestellte Szene am Schlagbaum im Grenzlandmuseum

Naturzeitmuseum ➡ F5
Am Kurpark 6, Bad Sachsa
✆ 0800-588 78 94
www.naturzeitmuseum.de
Die Ausstellung bietet eine Zeitreise durch 290 Millionen Jahre Erdgeschichte im Südharz: Von den Resten eines Vulkans über fossile Fische und Dinosaurier bis zu durch die Eiszeiten entstandenen Landschaftsformen reichen die Themen.

Harzfalkenhof ➡ F5
Katzenstein, 1,5 km nordwestl. von Bad Sachsa
harzfalkenhof-zoo.de
Jeweils um 11 und um 15 Uhr kann man Adler, Falken und Eulen bei beeindruckenden Flugvorführungen erleben. Wer den Tieren helfen möchte, kann Pate werden.

Der Schmelzteich in Bad Sachsa lässt sich bei einem kurzen Spaziergang umrunden

Märchengrund ➜ F5
Katzentalstr. 3, Bad Sachsa
✆ (055 23) 471 99 69
maerchengrund6.wixsite.com/meinewebsite
Der Kunstmaler Gustav Schaub hat den Märchengrund 1910 gegründet. Hier können Kinder Märchen lauschen, Rätsel lösen, Zwerge anschauen, auf dem Spielplatz toben oder sich beim Kasperletheater vergnügen.

Saxa Restaurant ➜ F5
Marktstr. 33, Bad Sachsa
✆ (055 23) 99 99 56
www.saxa.restaurant/?lang=de
Internationale Speisekarte, hauptsächlich Fisch und Fleisch. €€

Salztal-Paradies ➜ F5
Talstr. 28, Bad Sachsa
✆ (055 23) 95 09 02
www.salztal-paradies.de
Bade-, Erlebnis- und Saunaspaß auf 5000 m^2. Innen- und Außenbecken, Reifenrutsche, Wildwasserkanal, Wellenbecken, Kinderbecken, Whirlpools, Liegewiese, Saunalandschaft, Massagen und Wellnessbehandlungen. In der Eishalle kann man ganzjährig Schlittschuh laufen.

Ravensberg ➜ E5
Am 659 m hohen Ravensberg sind neun verschiedene Abfahrten möglich. Außerdem gibt es einen Snowboardpark und Loipen für Langläufer.

Der Turm auf dem Ravensberg wurde während des Kalten Kriegs als Horchposten genutzt

BRAUNLAGE ➜ D6

Die Zeiten, als Braunlage (5700 Einwohner) hauptsächlich von der Eisenhütte und der Holzindustrie lebte, sind schon lange vorbei. Die Stadt setzt sommers wie winters auf den Tourismus und hat sich vor allem auf Aktivurlauber eingestellt. Die Voraussetzungen könnten kaum besser sein, denn die umliegenden Wälder bieten ausreichend Platz auch für ausgedehnte Wanderungen. Der Wurmberg, mit 971 Metern Niedersachsens höchster Berg, ist mit seiner Seilbahn bestens erschlossen. Der Ortskern bietet einen Kurpark

Am Wurmberg können große Skifahrer klein anfangen

sowie einige schöne holzverkleidete Fachwerkhäuser und genügend Restaurants, Cafés, Sportgeschäfte und Souvenirläden.

Tourist Information ➡ D6
Tourismus Marketing GmbH
Elbingeröder Str. 17
38700 Braunlage
✆ (055 20) 930 70
www.braunlage.de

Heimat- und FIS-Skimuseum ➡ D6
Dr.-Kurt-Schroeder-Promenade 4, Braunlage
✆ (055 20) 16 46
museum-braunlage.de
Das kleine Museum informiert über die Geschichte der Stadt und den Skitourismus. Auch die Geschichte der innerdeutschen Grenze wird thematisiert.

Wurmbergseilbahn ➡ D6
Am Amtsweg 5, Braunlage
✆ (055 20) 99 93 28
www.wurmberg-seilbahn.de

In 15 Minuten gelangt man vom Zentrum zum Gipfel des Wurmbergs. Neben der tollen Rundumsicht vom Aussichtsturm locken Abenteuerspielplatz, Berg-Erlebniswelt und Monsterroller. Für das leibliche Wohl sorgt die Wurmbergalm. Auch Kinderwagen und Mountainbikes transportiert die Seilbahn bis zum Gipfel.

Bikepark ➡ D6
Braunlage
www.bikepark-braunlage.de
Mit dem Kombiticket für Fahrer und Bike gelangt man bequem auf den Gipfel des Wurmbergs. Von hier kann man auf unterschiedlich schwierigen, naturbelassenen Strecken hinab ins Tal fahren.

Wintersport ➡ D6
Braunlage
Braunlage verfügt über das höchstgelegene Skigebiet im Harz. Wenn für Skiläufer und Snowboarder nicht genügend Schnee vorhanden ist, helfen auf einigen Pisten Schneekanonen. Außerdem gibt es Rodelbahnen, Loipen und ein Eisstadion.

Ausflugsziel:

Hohegeiß ➡ E6
www.braunlage.de/hohegeiss
Das Bergdorf ist ein Stadtteil von Braunlage und der ideale Ort für einen ruhigen Urlaub. Ein Besuch im Waldschwimmbad lohnt sich, die Tourist Information vermittelt Aktivitäten wie Kräuterwanderungen.

BROCKEN ➡ D6

Die kahle Kuppe des Brockens ist unverkennbar und von vielen Orten im Harz auszumachen. Die Fakten: Der ④ **Brocken** ist mit 1141 Metern über dem Meeresspiegel der höchste Berg im Harz sowie ganz Norddeutschlands, durchschnittlich 178 Tage liegt Schnee am Gipfel, an 300 Tagen ist dieser zumindest zeitweise in Nebel gehüllt, der bisher schlimmste Sturm fegte mit 263 Stundenkilometern über die Kuppe, selbst im Juli liegt die durchschnittliche Tageshöchsttemperatur hier nur bei 10,3 °C. Der Berg fasziniert Besucher bei jedem

Auf dem Brocken befinden sich umfangreiche Sendeanlagen

Wetter und zu jeder Jahreszeit, ganz unabhängig davon, ob die Nebelschwaden über seine Kuppe wabern oder die Fernsicht schier endlos scheint.

Früher haben sich viele Gipfelstürmer eher gefürchtet, haben mystische Gestalten wie das Brockengespenst gesehen oder erfunden. Bis heute dient der Brocken, der auch Blocksberg genannt wird, in der letzten Aprilnacht den Hexen als Versammlungsplatz. Jedes Jahr kommen Hexenfans aus ganz Deutschland zum Gipfel, um die Walpurgisnacht zu feiern, Buckel, krumme Nase und ein Besen sind dabei die wichtigsten Requisiten.

Auf dem steinigen Gipfelplateau unweit des Brockenhauses befindet sich die Brockenuhr, ein Kreis mit 30 Metern Durchmesser, in dessen Mitte sechs große Granitsteine liegen. Am äußeren Rand sind 48 Bronzetafeln eingelassen, die die Entfernung zu Zielen wie Leipzig, Halle oder Helgoland anzeigen.

i Tourist Information ➡ D6
Brockenhaus, Brockenplateau
38879 Wernigerode, Ortsteil Schierke
✆ (03 94 55) 500 05
www.brockenhaus-harz.de

Winterliches Vergnügen auf dem Brocken

Teufelskanzel und Hexenaltar

Brocken

Sachsen-Anhalt

Der Brocken im Harz ist mit 1141 Metern der höchste Berg im Norden Deutschlands. Bei guten Bedingungen bietet der Gipfel einen herrlichen Blick bis nach Thüringen, ins Weserbergland und zum Petersberg bei Halle. Schon für Goethe und Heine gehörte eine Brockentour zum Höhepunkt eines Harzbesuchs. Die exponierte Lage des Brockens diente wohl schon in der Bronzezeit als Landmarke eines Observatoriums auf dem 85 Kilometer entfernten Mittelberg. Dort wurde die berühmte Himmelsscheibe von Nebra gefunden, die sich u. a. anhand der Sichtlinie zum Brocken genau ausrichten ließ. Und die Lage hat alpine Wetterbedingungen mit kurzen Sommern, langen Wintern, schweren Stürmen und niedrigen Temperaturen ebenso zur Folge wie eine mit Nordskandinavien vergleichbare Flora und Fauna.

1895 wurden eine Wetterwarte, später ein Observatorium und 1936 der erste Fernsehturm der Welt auf dem Brocken gebaut. Im April 1945 stellte man den Sendebetrieb angesichts der anrückenden US-Armee ein, Bomben zerstörten das Hotel und weitere Gebäude. Bis 1947 besetzten amerikanische Truppen den Brocken, dann ging er an die Sowjetische Besatzungszone über und konnte bis August 1961 besucht werden. Danach erklärte man den Brocken zum militärischen Sperrgebiet und nutzte ihn für Überwachungs- und Spionagezwecke. Seit dem Mauerfall 1989 wird die Landschaft mit großem Aufwand renaturiert.

Auch die 1899 eröffnete Schmalspurbahn mit ihrem Bahnhof in 1125 Metern Höhe bringt wieder Touristen aus Wernigerode, Drei Annen Hohne und Schierke auf den Gipfel, wo sie ein botanischer Garten, ein Museum, ein Berghotel und Restaurants erwarten. Wer lieber aktiv unterwegs ist, kann auf einem der Wanderwege laufen. Die asphaltierte Brockenstraße von Schierke zum Gipfel führt durch den Nationalpark und darf deshalb nur mit Sondergenehmigung von Autos befahren werden.

Mit der Brocken-Schmalspurbahn geht es hinauf zum sagenumwobenen Brocken

Info: Der Brocken liegt von Wernigerode ca. 30 km entfernt. **Info Harzer Tourismusverband:** Tel. (053 21) 340 40, www.harzinfo.de, Marktstr. 45, 38640 Goslar. **Info Brockenbahn:** www.hsb-wr.de. **Info Brockenhotel:** Brockenplateau, 38879 Schierke, Tel. (039455) 120, brockenhotel.de.

Ein Aufstieg zum Brocken führt über das Eckerloch

Tourist Information ➡ D6
Brockenstr. 10
38879 Wernigerode, Ortsteil Schierke
✆ (03 94 55) 86 80
www.schierke-am-brocken.de

Brockenbahn ➡ D6
✆ (039 43) 55 81 45, www.hsb-wr.de
Von allen Bahnhöfen der Harzer Schmalspurbahnen gilt derselbe Tarif
Die Brockenbahn fährt von den Bahnhöfen Drei Annen Hohe und Schierke mehrmals täglich in rund 50 Minuten bis zum Gipfel des Brockens. Seit 1899 bringen die Dampflokomotiven Reisende – mittlerweile sind es rund eine Million jährlich – in gemächlichem Tempo auf den Gipfel. In Drei Annen Hohne hat man Anschluss an die Harzquerbahn.

Zu Fuß auf den Brocken ➡ D6
Es gibt viele Möglichkeiten auf den Gipfel des Brockens zu gelangen: mit der Brockenbahn, der Pferdekutsche, dem Mountainbike oder zu Fuß – nur der eigene Wagen muss spätestens in Schierke abgestellt werden. Wer zum Gipfel wandern möchte, kann zwischen verschieden langen und anspruchsvollen Wegen auswählen.

Aufstieg von Schierke durch das Eckerloch: Geübte Wanderer brauchen rund 2 Stunden bis zum Gipfel (500 Höhenmeter).

Aufstieg über den Teufelsstieg: Von Elend geht es über den Gipfel bis nach Bad Harzburg, mit rund 24 Kilometern lang und anstrengend, geübte Wanderer sollten mindestens 7 Stunden einplanen (Aufstieg 800 Höhenmeter, Abstieg 1000 Höhenmeter).

Heinrich-Heine-Weg: Von Ilsenburg durch das Ilsetal in gut 3,5 Stundenzum Gipfel (850 Höhenmeter).

Goetheweg: Von Torfhaus durch das Torfhausmoor in rund 2,5 Stunden zum Gipfel (350 Höhenmeter).

Brockenhaus ➡ D6

Brockenplateau

✆ (03 94 55) 500 05, www.brockenhaus-harz.de

Auf drei Stockwerken informiert die Ausstellung über Pflanzen, Tiere und Geologie des Brockens und listet berühmte Besucher auf. Das oberste Stockwerk widmet sich den Spionagetätigkeiten während der DDR-Zeit. Vor allem bei schlechtem Wetter bietet sich die Cafeteria »Hexenflug« mit ihren Panoramafenstern an.

Botanischer Garten ➡ D6

Brockenplateau

www.nationalpark-harz.de

Gärtnerführungen und Rangerführungen auf dem Brocken-Rundwanderweg möglich

Eintritt frei

Seit 1890 gibt es einen Botanischen Garten auf der kargen Kuppe des Brockens, der inzwischen 1500 verschiedene Pflanzenarten beherbergt. Wegen des rauen Klimas auf dem Gipfel können sich hier nur Hochgebirgs- und Tundrenpflanzen halten.

Vom Brockenhaus kann der Blick in die Ferne schweifen – wenn es das Wetter erlaubt

Brocken Coaster ➡ D6
Hagenstr. 6
Schierke
✆ (03 94 55) 91 39 99
www.brocken-coaster.de
Die Bob- und Rodelbahn ist ganzjährig geöffnet. Bergauf geht es mit einem Schleppaufzug. Bergab warten drei Steilwandkurven, die jeder in seiner Wohlfühlgeschwindigkeit nehmen kann.

Faust auf dem Brocken – Rocktheater nach Goethe ➡ D6
Goethesaal auf dem Brocken
www.hsb-wr.de
Goethe war mehrmals im Harz und ist auch auf den Brocken gewandert. Einige Passagen seines »Faust« spielen auf dem Brocken. Genug Stoff, um daraus eine Rockoper zu machen. Zwischen 2006 und 2019 wurde alljährlich mehrmals »Faust – Die Rockoper auf dem Brocken« gegeben, inzwischen ist ein neues Stück entstanden: »Faust auf dem Brocken – Rocktheater nach Goethe«.

Magisch: auf dem Brocken bei Sonnenaufgang

Das Rathaus von Schierke steht unter Denkmalschutz

Ausflugsziel:

Schierke ➡ D6

Der kleine Ort, ein Ortsteil von Wernigerode, liegt im Tal der Kalten Bode und profitiert von der Nähe zum Brocken. Hier kann man in die Brockenbahn steigen oder sich auf die Wanderung zum Gipfel begeben. Aber auch die nähere Umgebung von Schierke lohnt eine Erkundung, zu empfehlen sind z. B. die Wanderungen

Die Feuersteinklippen bei Schierke sind ein beliebtes Wanderziel

zu den Feuersteinklippen oder den Schnarcherklippen. Von Schierkes Vergangenheit als beliebter Urlaubsort zu Beginn des 20. Jh. zeugen noch viele alte Villen.

HERZBERG AM HARZ ➡ E4

Herzberg (12 700 Einwohner) liegt ebenso wie die vier kleineren Orte Lonau, Pöhlde, Scharzfeld und Sieber am Südrand des Harzes unweit des Nationalparks. Hoch über der Stadt thront auf einer Kuppe Schloss Herzberg. Seit 2006 darf Herzberg sich »Esperanto-Stadt« nennen. Der ungewöhnliche Zusatz geht auf einige Herzberger zurück, die sich vor gut 100 Jahren mit der Kunstsprache befassten. Heute gibt es in Herzberg ein Esperanto-Zentrum, das regelmäßig internationale Treffen organisiert.

Tourist Information ➡ E4
Marktplatz 32
37412 Herzberg am Harz
✆ (055 21) 85 21 11
www.touristinformation-herzberg.de

Schloss Herzberg ➡ E4
Schloss 2, Herzberg am Harz
✆ (055 21) 47 99
www.herzberg.de/umfeld/kultur/schloss-herzberg
Ursprünglich befand sich auf dem Bergrücken über der Stadt eine Burg, die jedoch 1510 durch einen Brand zerstört wurde. Danach entstand Niedersachsens größtes Schloss in Fachwerkbauweise. Zwischen 1158 und 1866 befanden sich Burg bzw. Schloss ununterbrochen im Besitz der Welfen, weshalb Schloss Herzberg auch

Welfenschloss genannt wird. Seit 1882 beherbergt es das Amtsgericht. Zudem informiert eine Ausstellung über die Geschichte des Baus und seine Besitzer.

Burgruine Scharzfels ➡ E4
Schlossbergweg
Herzberg am Harz, Ortsteil Scharzfeld
✆ (055 24) 99 70 99
www.burgruine-scharzfels.de
Nach einem rund 20-minütigen Aufstieg ab dem Parkplatz außerhalb von Scharzfeld erreicht man die Ruine der Burg auf dem rund 150 m über dem Odertal aufragendem Dolomitfelsen. Um 1000 wurde die Burg

Der Innenhof von Schloss Herzberg

errichtet, 1761 zerstört. Von der Terrasse der Schlossgaststätte genießt man einen weiten Blick über das Harzvorland.

Einhornhöhle ➡ E4
Haus Einhorn
Herzberg am Harz, Ortsteil Scharzfeld
✆ (055 21) 99 75 59
einhornhoehle.de
Früher glaubte man, dass die vielen Knochen, die man in der Höhle gefunden hatte, von Einhörnern stammten – zermahlen galten sie als Wunderheilmittel. Tatsächlich jedoch sind es Knochen von Höhlenbären und Höhlenlöwen. Neandertaler nutzten die Höhle über längere Zeit als Unterschlupf.

Zur Quelle ➡ E4
Mariental 2, Herzberg-Lonau
✆ (055 21) 54 29
www.hotel-quelle-lonau.de
Freundliches, modernes Hotel und Restaurant mit engagierter deutscher Küche. Donnerstags ist Currywursttag, sonntags ist die Schnitzelauswahl besonders groß. €€

Ausflugsziel:

Deutsches Theater Göttingen ➡ F1
Theaterplatz 11
Göttingen
✆ (05 51) 496 93 00
www.dt-goettingen.de
Erich Sidler leitet seit 2014 das Deutsche Theater Göttingen. Themen aktueller Ereignisse stehen im Mittelpunkt des künstlerischen Schaffens. So bietet das renommierte Sprechtheater einen Repertoire- und En-suite-Betrieb auf vier Bühnen: Im dt.1 werden zeitgemäße, anspruchsvolle sowie musikalische Produktionen gezeigt. Im dt.2 reicht das Angebot von der klassischen bis hin zur zeitgenössischen Dramatik. Im dt.x Keller haben sich Bühne und Gastronomie in idealer Weise verbunden und das dt.x Bellevue ist der kleinste Vorstellungsraum für die jüngsten Zuschauer sowie Einführungen und Nachgespräche.

Das Deutsche Theater Göttingen wurde als Dreispartenhaus 1890 eröffnet

Architektonisches Kleinod mit langer Geschichte

Altstadt von Duderstadt

Duderstadt, Niedersachsen

Ein Ort wie in einem Märchen: Nicht umsonst liegt Duderstadt unweit der Deutschen Märchenstraße. Hier hätten sie sich wohlgefühlt – Schneewittchen, Frau Holle und der Gestiefelte Kater. Hier in diesem romantischen Städtchen im südlichen Harzvorland, wo 600 Jahre alte Bürgerhäuser, viele Baudenkmäler, Stadtmauer und Wallanlage ein städtebauliches Ensemble bilden, das den Vergleich mit anderen historischen Zentren in Deutschland nicht zu scheuen braucht. Viel Fachwerk bestimmt das Bild in der Altstadt, mehr als 600 Gebäude gibt es hier in diesem charmanten Stil, der Häuser so wundervoll organisch altern lässt.

Erbaut im Jahr 1302 ist das Rathaus eines der ältesten Deutschlands – und sicherlich eines der schönsten mit seinen Schiefertürmchen und dem reich verzierten Treppenaufgang. Ebenfalls sehenswert sind die beiden gotischen Stadtkirchen St. Servatius und St. Cyriakus. Letztere, eine mächtige Basilika mit zwei Türmen, wird nach der sie umgebenden Landschaft auch »Eichsfelder Dom« genannt. Trotz einer Entstehungszeit über Hunderte von Jahren zeigt das Gesamtbild der Kirche eine harmonische Geschlossenheit.

Historisches Rathaus in Duderstadt

Das eigentliche Wahrzeichen von Duderstadt ist jedoch der Westerturm, ein ehemaliges Stadttor von 1506, heute am Beginn der Fußgängerzone gelegen. Seine Besonderheit ist der gedrehte Turmhelm aus grauem Schiefer. Der Legende nach hat sich der Teufel auf der Flucht vor den Duderstädter Frauen am Turmhelm festgehalten und ihm beim Sprung über die Stadtmauer die charakteristische Drehung verliehen.

Doch Duderstadt ist mehr als die Summe seiner einzelnen Sehenswürdigkeiten. Die historische Altstadt wirkt vielmehr durch ihre besondere Atmosphäre und ihr geschlossenes Ensemble. Rund um die Altstadt wurde im Frühmittelalter viel gerodet – stand doch die Rodung beinahe immer am Anfang einer Ortsgründung. So heißen denn die eingemeindeten Ortsteile z. B. Desingerode, Esplingerode, Gerblingerode oder Hilkerode. Allen gemeinsam sind urkundlich belegte Gründungsdaten um das Jahr 1100. Wenn es also einen Ort gibt, an dem man auf schönen Wegen durch die deutsche Geschichte wandern kann – dann ist er hier!

Info: Duderstadt liegt ca. 50 km nordöstlich von Kassel. **Info Tourist Information:** Rathaus, Marktstr. 66, 37115 Duderstadt, Tel. (055 27) 84 12 00, tourismus.duderstadt.de. **Info Westerturm:** Marktstraße, Duderstadt, Tel. (055 27) 84 12 00.

Ilsenburg ist ein charmantes Städtchen

ILSENBURG (HARZ) ➡ C6

Ilsenburg (5700 Einwohner) liegt am nördlichen Harzrand und bietet sich als zentraler Ausgangspunkt für die Erkundung von Brocken, Wernigerode und Goslar an. Hier wurde 1018 ein bedeutendes Benediktinerkloster gegründet und 1546 der erste Hochofen in Betrieb genommen. Heute setzt der Ort mit seinem kleinen, charmanten Zentrum, seinen grünen Oasen, dem Ensemble aus Kloster und Schloss sowie abwechslungsreichen Wanderwegen überwiegend auf den Tourismus. Besonders beliebt sind der Aufstieg zum Brocken und das romantische Ilsetal.

Tourist Information ➡ C6
Marktplatz 1, 38871 Ilsenburg
✆ (03 94 52) 194 33
www.ilsenburg-tourismus.de

Hütten- und Technikmuseum ➡ C6
Marienhöfer Str. 9 B, Ilsenburg
✆ (03 94 52) 80 76 71
huettenmuseum.stadt-ilsenburg.de
Derzeit wegen Renovierung geschl.
Die Ausstellung bietet anhand von Modellen und Exponaten Einblicke in die Geschichte der Hüttenindustrie und präsentiert eine umfangreiche Sammlung zum Eisenkunstguss. Außerdem gibt es eine Galerie mit Gemälden, Zeichnungen und Grafiken von Ilsenburger Künstlern.

Kloster Drübeck, eine ehemalige Benediktinerinnen-Abtei, wird heute für Veranstaltungen genutzt und bietet auch Gästehäuser

Kloster Drübeck ➜ C6
Klostergarten 6
Ilsenburg, Ortsteil Drübeck
kloster-druebeck.de
Bis zur Reformation lebten im Kloster Benediktinerinnen, danach wurde es in ein evangelisches Damenstift umgewandelt. Heute wird es als Tagungsstätte, Pädagogisch-Theologisches Institut und Rückzugsort genutzt. Besonders sehenswert sind die rekonstruierten Klostergärten. Drübeck liegt am Harzer Klosterwanderweg.

St. Peter und Paul ➜ C6
Schloßstr. 26, Ilsenburg
✆ (03 94 52) 801 55
www.kloster-ilsenburg.de
Die Kirche, Ende des 11. Jh. als romanische Basilika erbaut, gehört zum Kloster Ilsenburg, das um 1018 von Benediktinern gegründet wurde. Ihr heutiges Aussehen erhielt die Klosterkirche in der zweiten Hälfte des 16. Jh.

Landhaus »Zu den Rothen Forellen« ➜ C6
Marktplatz 2, Ilsenburg
✆ (03 94 52) 93 93
www.rotheforelle.de
Im Gourmetrestaurant des Fünf-Sterne-Hotels mit Blick auf den Forellensee werden verschiedene Landhaus-

menüs der Spitzenklasse serviert. Forelle gibt es natürlich auch, wer lieber Fleisch möchte, nimmt das Dry Aged Roastbeef. €€€

Klostercafé im Gärtnerhaus ➡ C6
Klostergarten 6, Ilsenburg, Ortsteil Drübeck
✆ (03 94 52) 943 30
In den Gärten von Kloster Drübeck fühlt man sich wie in einer grünen Oase. Hier schmecken die Torten und Kaffeespezialitäten besonders gut. €

Heinrich-Heine-Weg ➡ C/D6
Die vielleicht schönste – allerdings auch recht anstrengende – Wanderung auf den Brocken beginnt in Ilsenburg und führt stetig bergan durch die Wälder des Ilstals bis zum Gipfel. Für die rund 11 km (850 Höhenmeter) benötigt man, gute Kondition vorausgesetzt, rund 3,5 Stunden. Diesen Weg auf den Brocken hat der Dichter bei seiner Harzreise 1824 gewählt.

OBERHARZ AM BROCKEN ➡ D/E6–8

Anfang 2010 haben sich die kleinen Orte Benneckenstein, Elbingerode, Elend, Hasselfelde, Königshütte, Neuwerk, Rübeland, Sorge, Stiege, Tanne und Trautenstein zur Stadt Oberharz am Brocken (9900 Einwohner)

Stiege gehört zur Stadt Oberharz am Brocken

Das Heinrich-Heine-Denkmal auf dem Gipfel des Brockens

Der Harz – Reiseziel für Literaten

»Die Harzreise« von Heinrich Heine, erstmals 1826 veröffentlicht, trägt das Reiseziel schon im Titel. Der Text dokumentiert eine Wanderung, die der damals 26-jährige Student in den Semesterferien unternahm und die ihn unter anderem nach Osterode, Clausthal-Zellerfeld, Goslar und auf den Brocken führte. Doch Heine war nicht der erste und bei weitem nicht der letzte Literat, der den Harz bereiste. Auch Johann Wolfgang von Goethe sowie Heinrich von Kleist, Theodor Fontane, Joseph von Eichendorff und der Märchendichter Hans Christian Andersen waren häufig hier unterwegs. Besonders in der Literaturepoche der Romantik, also zwischen Ende des 18. und Mitte des 19. Jahrhunderts, hatte der Harz eine ganz besondere Anziehungskraft auf Künstler. Die Romantiker schwärmten für die Natur, entsprechend standen Wälder, Berge und Flüsse hoch im Kurs. Novalis, der dem Harz in dem gleichnamigen Gedicht ein Denkmal setzte, schwärmte: »Adler zeugest du dir hoch auf der Felsenhöh', und dem Dichter Begeisterung.« Als in Stein gefasste Mythenwelt des Mittelalters waren auch die – im Harz in großer Zahl vorhandenen – Burgen bei den Romantikern beliebt. So trugen die fliegenden Hexen auf dem Brocken ein Übriges zur Harzbegeisterung von Novalis und Co bei.

Tipp: Wer den Spuren von Heines Harzreise folgen will, der nimmt den nach dem Dichter benannten Wanderweg von Ilsenburg hinauf auf den Brocken.

zusammengeschlossen. Seit 2015 ist die Stadt mit allen Ortsteilen staatlich anerkannter Erholungsort. Ein gemeinsames Stadtzentrum gibt es nicht, die Verwaltung befindet sich in Elbingerode. Die Ortsteile Benneckenstein, Elend, Hasselfelde, Sorge und Stiege sind Haltepunkte der Harzer Schmalspurbahnen.

Im Wald von Elbingerode

Tourist Information ➡ D7
Markt 3
38875 Oberharz am Brocken, Ortsteil Elbingerode
✆ (03 94 54) 894 87
www.oberharzinfo.de

Elbingerode
Schaubergwerk Büchenberg ➡ D7
Büchenberg 2
✆ (03 94 54) 422 00
www.schaubergwerk-elbingerode.de
Mehr als 1000 Jahre lang wurde in Elbingerode Eisenerz gewonnen. Bei Führungen unter Tage, bei denen auch Maschinen in Betrieb vorgeführt werden, erhält man einen guten Einblick in die Bergbau- und Hüttengeschichte des Ortes.

Elend
Dorfkirche ➡ D6
Bodeweg 10
Mit 80 Sitzplätzen und einer Größe von 5 mal 11 m gilt sie als kleinste Holzkirche Deutschlands, was ihr pro Jahr mehrere Tausend Besucher beschert. Der Fach-

Die Dorfkirche von Elend

werkbau wurde 1897 errichtet, im schlichten Innenraum sind ein beweglicher Altar, eine Orgel und eine Kanzel mit Schnitzarbeiten zu sehen.

Hasselfelde

Harzköhlerei Stemberghaus ➡ E7
Stemberghaus 1
✆ (03 94 59) 722 54
www.harzkoehlerei.de
In einer der letzten Köhlereien im Harz werden jedes Jahr rund 50 Tonnen Buchenholzkohle in Handarbeit hergestellt; Besucher können die rauchenden Meiler live miterleben. Das Museum gibt einen Überblick über die Köhlerei. Im Biergarten der Köhlerhütte sind rustikale Kleinigkeiten nach Köhlerart wie »Schiebensuppe«, »Köhlerbrotzeit« oder »Flüssige Holzkohle« – hochprozentiger Kräuterschnaps – im Angebot. Im Laden kann man neben Holzkohle auch weitere Souvenirs kaufen.

Pullman City Harz ➡ E7
Am Rosentale 1
✆ (03 94 59) 73 10
www.pullmancityharz.de
Auf 200 000 m² wurde am Ortsrand von Hasselfelde eine ganze Westernstadt errichtet. Geboten wird ein abwechslungsreiches Showprogramm für die ganze Familie. Besucher können hier sogar übernachten oder sich im Saloon vergnügen.

Die Harzer Schmalspurbahn auf ihrem Weg nach Hasselfelde

In der Baumannhöhle

5 Rübeland

Rübeländer Tropfsteinhöhlen ➡ D7

Blankenburger Str. 35
✆ (03 94 54) 491 32
www.harzer-hoehlen.de

Wegen seiner beiden Tropfsteinhöhlen nennt sich Rübeland »Höhlenort«. In der Baumannshöhle finden schon seit 1646 Führungen statt, auch Johann Wolfgang von Goethe war von Stalagmiten und Stalaktiten so begeistert, dass er mehrfach hier war. Nach ihm sind der Goethesaal, der größte Raum, und der Wolfgangsee, ein kleiner künstlicher See, benannt. Hier finden Trauungen, Events und die Rübeländer Höhlenfestspiele statt (www.harzer-hoehlenfestspiele.de). Während der normalen Führungen erleben die Besucher im Goethesaal eine kurze Ton-Licht-Show.

Die Hermannshöhle wurde erst 1866 entdeckt und auch sie ist voller Stalagmiten und Stalaktiten, in einem kleinen See leben Grottenolme, früher wurde sie von Höhlenbären bewohnt.

Sorge

Kleines Grenzmuseum ➡ E6

Försterbergstr. 5 B
✆ (0151) 23 31 95 78
www.grenzmuseum-sorge.de

Grenzland Harz

Quer durch den Harz verlief die innerdeutsche Grenze, der Brocken war militärisches Sperrgebiet und durfte nicht betreten werden. Einige kleine Museen wie das Freilandgrenzmuseum in Sorge bewahren die Erinnerung. Hier sind die Grenzanlagen nahezu unverändert erhalten. In Tettenborn, einem Ortsteil von Bad Sachsa, dokumentiert das Grenzlandmuseum den Bau der Grenzanlagen und die Zeit der Teilung im Harz (www.grenzlandmuseum-badsachsa.de). An diesen beiden Museen führt auch der fast 100 Kilometer lange Harzer Grenzweg vorbei, auf dem man entlang der ehemaligen deutsch-deutschen Grenze durch den Harz wandern kann (www.schierke-am-brocken.de/erleben/wanderportal-schierke/harzer-grenzweg). Immer wieder entdeckt man auf der Tour alte Grenzanlagen – mal einen zurückgelassenen Stacheldrahtverhau, mal einen Abschnitt vom Grenzzaun oder einen Wachturm. Große Teile des Weges führen über die ehemaligen Kolonnenwege, die die DDR-Grenztruppen benutzten. Das ist anstrengend für die Wanderer, denn die Betonplattenwege wurden in gerader Linie parallel zur Grenze angelegt und führen daher im Gebirge oft ohne Kurve steil bergan oder bergab. Gerade das macht die Wanderung jedoch spannend, ist man doch auf einem Weg unterwegs, der ursprünglich nicht zum Freizeitvergnügen, sondern als militärische Anlage geschaffen wurde.

Der Streckenverlauf des Harzer Grenzwegs: Grenzturm bei Rhoden–Abbenrode–Brocken–Braunlage–Sorge–Hohegeiß–Zorge–Walkenried–Bad Sachsa–**Grenzlandmuseum** Tettenborn.

Der Grenzweg (oben nahe Braunlage) führt auch am Grenzmuseum in Sorge (unten) vorbei

Der Aussichtspavillon auf dem Hohen Kleef befindet sich hoch über Rübeland

Neben dem Freilandmuseum mit einem erhaltenen Abschnitt der ehemaligen innerdeutschen Grenze zeigt eine Ausstellung im ehemaligen Bahnhofsgebäude die Besonderheiten des Lebens mit der Grenze im Harz von damals.

Ausflugsziel:

6 **Rappbodetalsperre** ➡ D7/8
Ca. 7 km nördlich von Hasselfelde
Harzdrenalin ➡ D7
Bruchstr. 1, Elbingerode
✆ (03 94 54) 20 90 00
harzdrenalin.de
Verschiedene Aktivitäten vgl. Website
Die 106 m hohe Staumauer der Rappbodetalsperre ist die höchste Deutschlands. Sie ist das Kernstück eines ganzen Systems von Staumauern und Stauseen, die dem Hochwasserschutz, der Trinkwasserversorgung und der Energiegewinnung dienen. An der Westseite

Freizeit-Mekka mit Staumauer

RAPPBODETALSPERRE

Sachsen-Anhalt

Die Rappbodetalsperre im Oberharz gehört zu den größten Trinkwasserreservoirs Deutschlands: Der über 100 Millionen Kubikmeter fassende Stausee mit angeschlossenem Wasserkraftwerk dient der Wasser- und Stromversorgung zahlreicher Orte in der näheren und weiteren Umgebung. Nun sind Talsperren meist auch beliebte Ausflugsziele und ziehen viele Besucher an. Die Rappbodetalsperre bietet sich als Ausgangs- oder Zielpunkt für Ausflüge in den Oberharz an, z. B. zum etwa 14 Kilometer entfernten Rotestein. Von dem 500 Meter hohen Berg eröffnet sich ein schöner Blick auf den Rappbodestausee und die Präzeptorklippe. Dieser von einigen Bäumen bewachsene Felsen, die einzige Insel des Stausees, ist bei niedrigem Wasserstand ebenfalls zu Fuß erreichbar.

Die Fußgängerbrücke Titan-RT spannt sich 458,5 Meter über das Bode-Staubecken

Doch damit nicht genug: Die Talsperre bei Elbingerode ist ein wahres Freizeit-Mekka. Da ist zum einen die 2012 eröffnete Megazipline, mit rund 1000 Metern die längste Doppelseilrutsche in Europa: Durch ein spezielles Gurtsystem gesichert gleitet man vogelgleich aus 120 Metern Höhe im Sinkflug über das Wasser und erreicht dabei Spitzengeschwindigkeiten von bis zu 85 Kilometern pro Stunde – da ist der Adrenalin-Kick garantiert!

Ein ähnlich spannendes Erlebnis ist ein Gang über die 2017 in Betrieb genommene Fußgängerbrücke Titan-RT. Auch sie ist ein Superlativ: Mit einer Länge von 458,5 Metern gehört sie zu den längsten ihrer Art auf der ganzen Welt. Das filigrane Gebilde wiegt 118 Tonnen, wird von sechs Stahlseilen getragen und spannt sich in 100 Metern Höhe quer über die Talsperre. Aufgrund ihrer soliden Konstruktion ist die Brücke ohne spezielle Sicherheitsausrüstung begehbar, ein besonders schönes Erlebnis ist eine Überquerung im Dämmerlicht oder bei Sonnenuntergang. Ganz mutige Besucher können übrigens von der Brücke aus den Gigaswing wagen, der mit 75 Metern die klassische Bungee-Tiefe von 43 Metern weit übertrifft. Beim Wallrunning schließlich geht man Schritt für Schritt kopfüber an der Staumauer hinunter, natürlich auch gesichert.

INFO: Die Talsperre liegt ca. 78 km südwestlich von Magdeburg. **INFO RAPPBODETALSPERRE:** Landesstr. 96, 38875 Oberharz-Elbingerode, Tel. (039 44) 94 20, www.bodetal.de. **INFO MEGAZIPLINE:** Tel. (03 94 54) 20 90 00, harzdrenalin.de. **INFO TITAN-RT:** Tel. (03 94 54) 20 90 00, www.titan-rt.de.

Von der Hängebrücke Titan-RT eröffnet sich ein schöner Weitblick

der Staumauer gibt es einen großen Parkplatz mit Gastronomie, von dem man in wenigen Minuten zu Fuß zum Aussichtspunkt gelangt. Entweder man genießt nur die Aussicht oder man macht einen Spaziergang über die Staumauer. Etwas für Abenteuerlustige sind die von Harzdrenalin angebotenen Aktivitäten: die Megazipline, der Gigaswing und das Wallrunning. Ohne Sicherung zu begehen ist die 458 m lange Hängebrücke Titan-RT, die parallel zur Staumauer verläuft. Schwindelfrei sollte man allerdings schon sein und auch das Schwanken der Brücke abkönnen.

SANKT ANDREASBERG ➡ D5

Die höchstgelegene der sieben Bergstädte im Harz erstreckt sich auf einer Höhe von 600 bis 900 Metern. Die ersten Gruben wurden wahrscheinlich schon im 12. Jahrhundert von den Zisterziensermönchen aus Walkenried betrieben. Im 16. Jahrhundert kamen viele Bergleute aus dem böhmischen und sächsischen Erzgebirge nach Sankt Andreasberg (1700 Einwohner) und etablierten die Oberharzer Mundart, die man heute allerdings kaum noch hört. Bis 1912 lebte die Stadt fast ausschließlich vom Bergbau, heute setzt man auch hier auf den Tourismus. Mit einigem Erfolg, denn die bunten Holzhäuser, die fotogenen steilen Straßen und die vielfältige Natur in der Umgebung machen Sankt Andreasberg zu einem lohnenden Ziel.

Der Glockenturm auf dem Glockenberg in Sankt Andreasberg

In Sankt Andreasberg erwartet die Gäste manche Steigung

Tourist Information ➡ D5
Am Kurpark 9
37444 Sankt Andreasberg
✆ (055 82) 80 33
www.braunlage.de/ortsteile/sankt-andreasberg

Nationalparkhaus ➡ D5
Erzwäsche 1
37444 Sankt Andreasberg
✆ (055 82) 92 30 74
www.nationalparkhaus-sanktandreasberg.de
Eintritt frei
In der Ausstellung erfährt man alles über die Natur des Nationalparks und darüber, wie sich der Wandel vom Kulturwald zum Naturwald vollziehen soll. Außerdem gibt es Informationen zum Bergbau im Harz sowie über das Leben der Fledermäuse im Jahreslauf. Diverse Themenwanderungen werden angeboten (vgl. Website).

Grube Samson ➡ D5
Am Samson 2
Sankt Andreasberg
✆ (055 82) 12 49
www.grube-samson.de
Besichtigung nur im Rahmen von Führungen
Seit 2010 gehört die Grube zum Weltkulturerbe. Samson war lange eines der tiefsten Bergwerke der Welt, bis in 810 m Tiefe wurde hauptsächlich Silbererz gefördert. Für Besucher geht es immerhin 190 m tief in den Berg hinein. Sehenswert sind die »Fahrkunst« und die Wasserräder. Im Gaipel, dem Gebäude über dem Schacht, befindet sich das Harzer-Roller-Museum, in dem sich alles um Kanarienvögel dreht.

Sternwarte ➡ D5
Clausthaler Str. 11
Sankt Andreasberg
www.sternwarte-sankt-andreasberg.de
Ein gemeinnütziger Verein betreibt Norddeutschlands höchstgelegene Sternwarte (710 m). Dunkelheit und klare Luft sind die besten Voraussetzungen für astronomische Beobachtungen – beide sind in Sankt Andreasberg gegeben. Veranstaltungskalender vgl. Website.

Harzer Roller – bunter Vogel aus dem Gebirge

Hier geht es nicht um den bekannten Käse aus dem Harz, sondern um den gleichnamigen Kanarienvogel, den Tiroler Bergleute um 1740 als Haustier mit in den Harz brachten. Der gelbe Vogel gefiel offenbar auch den Einheimischen, denn speziell in und um Sankt Andreasberg begann man bald mit der Vogelzucht, wobei man darauf achtete, dass die Tiere besonders melodisch und abwechslungsreich sangen.

Seinen Namen verdankt der Harzer Roller denn auch seinem Gesang: In den Melodien erkannten die Züchter eine Ähnlichkeit zu einem rollenden »R«. Zu Hochzeiten waren 350 Familien mit der Vogelzucht beschäftigt und die Sankt Andreasberger Kanarienvögel wurden Exportschlager. Zu Hunderttausenden wurden die Vögel in die USA exportiert. Gute Sänger waren allerdings nur die Hähne, nur die konnte man für teures Geld verkaufen. Für die Weibchen blieb da nur der »Job« in der Grube. Sie wurden dort gehalten, um vor eindringenden Gasen bzw. einem zu geringen Sauerstoffgehalt zu warnen, denn Kanarienvögel reagieren schneller als andere Tiere auf Kohlenmonoxid. »Reagieren« hieß in diesem Fall allerdings, dass sie tot von der Stange fielen.

Tipp: Mehr über den Harzer Roller erfahren Besucher im Kanarienvogelmuseum in der Grube Samson in Sankt Andreasberg.

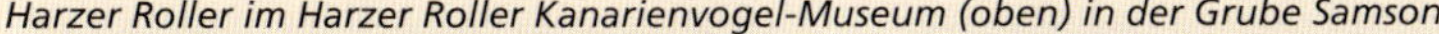

Harzer Roller im Harzer Roller Kanarienvogel-Museum (oben) in der Grube Samson

Wandern im Energiesystem

Oberharzer Wasserwirtschaft

Harz, Niedersachsen

Fichtenduft, das Grün der Bäume, rauschendes Wasser: Der Harz, dank seiner Natur beliebtes Ausflugsziel für Wanderer, Nordic Walker und Mountainbiker, erfrischt alle Sinne. Doch genau dort, wo das Wasser tost und plätschert, lohnt ein aufmerksamer Blick. Die meist parallel zum Hang verlaufenden Wassergräben, immer wieder durchbrochen von schleusenartigen Bauten, verraten: Hier waren Menschen am Werk. Auch die vielen kaskadenförmig angelegten Teiche, etwa bei Clausthal-Zellerfeld, sind künstlich.

Der Harz, das wird schnell klar, ist nicht nur Natur-, sondern auch Kulturraum. Seine Städte wie Goslar oder Wernigerode verdankten ihre Bedeutung und ihren Reichtum den Bodenschätzen der Montanregion. Ab dem ausgehenden Mittelalter wuchs mit der Entwicklung des Bergbaus im Oberharz, dem nordwestlichen Teil des Mittelgebirges, ein dichtes Netz aus Gräben, Wasserläufen und Speicherteichen. So konnten die Bergwerke durch Pumpen vor dem Absaufen bewahrt, gleichzeitig Erz und Menschen mit Wasserkraft befördert werden: eine technische Meisterleistung. Wer heute im Harz Erholung sucht, bewegt sich also durch ein riesiges Energiesystem – weltweit das größte aus vorindustrieller Zeit.

Seit 2010 gehört die sogenannte Oberharzer Wasserwirtschaft zum UNESCO-Weltkulturerbe. Doch nicht nur deswegen werden ihre Anlagen gepflegt. Nach starkem Regen begegnet dem Wanderer schon einmal ein Mitarbeiter der Harzwasserwerke, der an kritischen Stellen den Wasserstand prüft, dienen doch genau diese Anlagen bis heute dem Hochwasserschutz; außerdem der Trinkwasserversorgung und dem Tourismus.

So tummeln sich in und an den Teichen im Sommer Badegäste. Besonders reizvoll ist es auch, die Wasserwanderwege entlang der Gräben abzulaufen, zertifizierte Guides bieten regelmäßig geführte Wanderungen. Wer im wahrsten Wortsinn tiefer in die Materie einsteigen möchte, folgt dem Wasser unter Tage. Im historischen Bergwerk Grube Samson bei Sankt Andreasberg etwa kann die letzte noch funktionierende Fahrkunst der Welt besichtigt werden: eine Art Fahrstuhl für die Bergleute, betrieben – natürlich – von Wasserkraft.

Info: www.welterbeimharz.de.

Die Hirschler-Pfauenteich-Kaskade in Clausthal-Zellerfeld

Blick auf Sankt Andreasberg

Rehberger Grabenhaus ➡ D5
Rehberger Grabenweg 1, Sankt Andreasberg
✆ (055 82) 789
www.rehberger-grabenhaus.com
Die rustikale Waldgaststätte im Nationalpark bietet Wanderern und Mountainbikern harztypische Hausmannskost. €–€€

Sommerrodelbahn ➡ D5
Matthias-Schmidt-Berg 4
Sankt Andreasberg
✆ (055 82) 265
www.alberti-lift.de/index.php/main-soro
Mit dem Lift geht es auf den Berg und dann mit einem speziellen Schlitten in Kurven 550 m lang den Berg hinunter.

Wintersport ➡ D/E5
Am Matthias-Schmidt-Berg und am Sonnenberg befördern zwei Doppelsesselbahnen und mehrere Schlepplifte Alpin-Ski-Fahrer und Snowboarder nach oben. Langläufer finden in der Umgebung ein gutes Loipennetz.

Im Innenhof des berühmten Schlosses, das über Wernigerode thront

WERNIGERODE ➡ C7

❼ **Wernigerode** (32 000 Einwohner) wurde erstmals im Jahr 1121 urkundlich erwähnt, ist aber um einiges älter und gehörte ab 1421 zur Grafschaft Stolberg-Wernigerode. Als Johann Wolfgang von Goethe im Jahr 1777 nach Wernigerode kam, machte noch niemand in der ländlichen Kleinstadt Urlaub. Auch als 1860 der Schriftsteller Wilhelm Raabe Wernigerode besuchte, gab es noch keine Urlauber. Erst Ende des 19. Jahrhunderts wurden die ersten »Sommerfremden« gesichtet, unter ihnen auch Theodor Fontane und Hermanns Löns. Letzterem verdankt Wernigerode den schmückenden Beinamen »Bunte Stadt am Harz«, der bis heute Teil von Werbekampagnen ist. Anfang des letzten Jahrhunderts beschleunigte sich schließlich die Entwicklung Wernigerodes zum Kur- und Erholungsort. Schon aus der Ferne ist das hoch über der Stadt thronende **Schloss** ➡ bD4 zu sehen, das wie der historische Stadtkern mit den liebevoll restaurierten und bunten Fachwerkhäusern zu den größten Attraktionen Wernigerodes zählt.

Beherrschendes Gebäude am **Marktplatz** ➡ bC2 ist das **Rathaus**, das erstmals im Jahr 1277 als Spelhus erwähnt wurde. Anfangs befand sich hier das Gericht, es wurden aber auch Hochzeiten, Bälle und Auftritte von Gauklern veranstaltet. Ab 1539 wurde das Spelhus zum Rathaus umgebaut, wobei die heutige Fassade mit dem reichen Figurenschmuck entstand. In der Mitte des Marktplatzes befindet sich der Brunnen mit Wappenschildern. Im Winter findet auf dem Platz ein stim-

Bunte Stadt am Harz

Wernigerode

Wernigerode, Sachsen-Anhalt

Den Beinamen »bunte Stadt am Harz« trägt Wernigerode nicht ohne Grund. Mit seinen restaurierten und gepflegten Fachwerkhäusern fasziniert der Ort am Nordrand des sagenumwobenen Mittelgebirges nationale und internationale Besucher. Das dominante Rathaus am Marktplatz erhielt sein heutiges Aussehen nach einem Brand um 1540. Es gilt mit seinen geschnitzten Figuren an den Geschoss- und Dachüberständen als eines der schönsten Rathäuser Europas.

Das älteste Haus der Stadt stammt aus dem 14. Jahrhundert; sehenswert sind auch das Schiefe Haus und das Kleinste Haus, das als Museum zugänglich ist. Erstmals urkundlich erwähnt wurde Wernigerode im Jahr 1121. Später diente das Städtchen einem Grafen Adalbert aus der Gegend um Hildesheim als Residenz. Auf den Grundmauern der ehemaligen Burg aus dem 12. Jahrhundert wurde das heutige Schloss errichtet. Die Anlage war ursprünglich eine mittelalterliche Burg, die den Weg der deutschen Kaiser auf ihren Jagdausflügen in den Harz sichern sollte. Im Laufe des 16. Jahrhunderts erfolgte der Umbau zu einer Renaissancefestung, heute noch im Renaissancetreppenturm sichtbar. Im Dreißigjährigen Krieg wurde das Gemäuer schwer verwüstet. Es war Graf Ernst zu Stolberg-Wernigerode, der dann im späten 17. Jahrhundert die Burgreste zu einem romantischen Residenzschloss umbauen ließ.

Der rasante politische Aufstieg des Grafen Otto zu Stolberg-Wernigerode zum Stellvertreter Bismarcks als Vizekanzler des Deutschen Reichs und stellvertretenden preußischen Ministerpräsidenten ist der Grund für den großen historischen Umbau von 1862 bis 1885. Heute bietet das Schloss, das hoch über der Altstadt thront, Einblicke in die fürstlichen Gemächer und lockt mit wechselnden Ausstellungen. Besuchern eröffnet sich eine herrliche Aussicht über die Harzlandschaft bis hin zum Brocken.

Eine weithin bekannte Attraktion Wernigerodes ist die historische Harzer Schmalspurbahn, die aus den Strecken Harzquer-, Selketal- und Brockenbahn besteht. Die Brockenbahn hat ihren Ausgangspunkt in Wernigerode. Mehrmals täglich müssen die Dampfloks Schwerstarbeit verrichten, um die Passagiere zum Brockenbahnhof zu bringen.

Info: Wernigerode liegt ca. 85 km südwestlich von Magdeburg. **Info Wernigerode:** Tourist Information, Marktplatz 10, 38855 Wernigerode, Tel. (039 43) 553 78 35, www.wernigerode-tourismus.de. **Info Schloss Wernigerode:** 38855 Wernigerode, Tel. (03943) 55 30 30, www.schloss-wernigerode.de.

Dominantes Gebäude am Markt: das Rathaus von Wernigerode

In der Kochstraße steht ein Haus, das nicht mal drei Meter breit ist

mungsvoller Weihnachtsmarkt statt. Durch die schmale Klintgasse gelangt man in den ältesten Stadtteil von Wernigerode mit vielen schönen Fachwerkhäusern.

Das **Schiefe Haus** ➡ bC2 hinter dem Rathaus wurde um 1680 als Mühle erbaut; der Mühlengraben hat es im Laufe der Zeit unterspült, sodass es sich auf einer Seite abgesenkt hat. Im dem Fachwerkhaus zeigt das Museum Schiefes Haus Ausstellungen zur Fotografie und bietet Einblicke in die Stadtgeschichte.

Auch das **kleinste Haus** ➡ bD2 der Stadt (Kochstr. 43) ist ein Fachwerkhaus. In eine schmale Baulücke, die nur 2,95 Meter misst, zwängt sich seit 1774 der 4,2 Meter hohe Bau. Das dreigeschossige **Krummelsche Haus** ➡ bB3 (Breite Str. 72) ließ 1674 der Kornhändler Heinrich Krummel im Stil des Spätbarocks errichten. Die Fassade ist vollständig mit geschnitzten Reliefs bedeckt, sodass man gar nicht mehr sieht, dass es sich um ein Fachwerkhaus handelt. Die Balkenköpfe sind Fratzen und die Tafeln unterhalb der Fenster zeigen allegorische Reliefdarstellungen.

Tourist Information ➡ bC2
Marktplatz 10
38855 Wernigerode
✆ (039 43) 553 78 35
www.wernigerode-tourismus.de

Wernigeröder Schlossbahn ➡ bB3
Breite Str. 70, Wernigerode
✆ (039 43) 60 60 00
www.schlossbahn.de

Auch mit einem Planwagen lässt sich Wernigerode samt seiner Umgebung entdecken

Im Hangar 1 des Luftfahrtmuseums Wernigerode

Alle 30 Min. bringt die Kleinbahn Besucher von der Innenstadt bequem zum Schloss. An vier Haltestellen (Alte Kapelle, Krummelsches Haus, Anger und Schloss) kann man zu- und aussteigen.

Harzmuseum ➡ bC1
Klint 10, Wernigerode
✆ (039 43) 65 44 54
www.wernigerode-tourismus.de
Das Museum bietet Einblicke in die Stadtgeschichte von den Anfängen im Mittelalter bis zum 20. Jh. Außerdem informiert es über Bergbau sowie Pflanzen und Mineralien der Region.

Luftfahrtmuseum Wernigerode ➡ westl. bA1
Gießerweg 1, Wernigerode
✆ (039 43) 63 31 26
www.luftfahrtmuseum-wernigerode.de
50 Flugzeuge und Helikopter können hier aus nächster Nähe besichtigt werden. Auf dem Dach des Hauses ist eine Transportmaschine vom Typ Transall C-160 »gelandet«, die auch von innen besichtigt werden kann. Über eine Rutsche gelangen Besucher auf die Terrasse der Cafeteria. Wer sich als Pilot versuchen möchte, bucht online Zeit in einem der Flugsimulatoren.

Das Museum Schiefes Haus: ein Besuch lohnt sich

Museum Schiefes Haus ➡ bC2
Klintgasse 5, Wernigerode
✆ (039 43) 691 10
www.museum-schiefes-haus.de
Eine Ausstellung informiert über verschiedene Mühlenarten, Fotografien zeigen historische Stadtansichten und im ersten Stock stellen Künstler ihre Werke aus.

Harzer Schmalspurbahn ➡ bC1
Friedrichstr. 151, Wernigerode
✆ (039 43) 55 80
www.hsb-wr.de
Von Wernigerode fährt die Bahn bis nach Nordhausen, über Drei Annen Hohne gelangt man bis zum Brocken. An Freitagen kann man nach Voranmeldung im Rahmen einer Führung die Werkstatthalle aus dem Jahr 1926 besichtigen. Treffpunkt ist um 13.45 Uhr vor der Bahnhofshalle Wernigerode Westerntor.

Schloss Wernigerode ➡ bD4
Am Schloß, Wernigerode
✆ (039 43) 55 30 30
www.schloss-wernigerode.de
Mit seinen spitzen Zinnen erhebt sich das Schloss hoch über der Stadt. Malerisch ist der Innenhof mit dem Brunnen, Türmen, Erkern und Fachwerk. Auch die Innenarchitektur mit farbenprächtiger Dekoration und feiner Einrichtung lohnt den Besuch. Sammlungen von Kunstschätzen vergangener Epochen oder deren

Rekonstruktionen vervollständigen das historische Ambiente. Es finden wechselnde Ausstellungen statt.

Bei der klassischen Führung werden die Wohn- und Repräsentationsräume der Grafen und Fürsten gezeigt und die Besucher erfahren viel über die Baugeschichte des Schlosses. Die Abendführung bezieht ihren Reiz durch das erleuchtete Schloss und den Blick auf die abendliche Stadt. Bei der Kostümführung schlüpfen die Museumsführer in die fürstlichen Gewänder von »Gräfin Anna« und »Graf Otto«. Die Dachbodenführung führt in so manch verborgenen Winkel des Schlosses – Baugeschichte einmal ganz anders erzählt. Nur außerhalb der normalen Öffnungszeiten und in der dunklen Jahreszeit findet die Taschenlampenführung statt. Bis in den Turm und die Kellergewölbe gelangt man bei der Turm- und Gewölbeführung – Gespenstergeschichten inbegriffen. Für alle Führungen muss man sich im Voraus anmelden. Zudem finden zahlreiche Veranstaltungen im Schloss statt.

Historische Kanone am Schloss Wernigerode

Hasseröder Brauerei ➡ westl. bA1
Besucherzentrum
Auerhahnring 1, Wernigerode
✆ (039 43) 96 32 19
hasseroeder.de
Die Brauerei wurde 1872 in Wernigerode unter dem Namen »Zum Auerhahn« gegründet, bis heute ist der

Die Brockenbahn dampft in den Bahnhof Wernigerode

Auerhahn das Wappentier. Im Rahmen der Führung werden drei Biere verkostet, dazu gibt es einen kleinen Imbiss.

Hasseröder Ferienpark ➡ südl. bD1
Nesseltal 11, Wernigerode
✆ (039 43) 557 00
www.hasseroeder-ferienpark.de
Das Brockenbad im Ferienpark bietet Wellness- und Saunalandschaft, Rutsche, Strömungskanal und Babybecken. Wer länger bleiben will, bucht sich in einem Ferienhaus ein.

Krellsche Schmiede ➡ bB3
Breite Str. 95, Wernigerode
✆ (03943) 55 73 73
www.atelierschmiede-harz.de

Eine Pracht und ganzjähriges Ausflugsziel: der Marktplatz von Wernigerode

In der ältesten Schmiede Deutschlands, die seit 1688 in Betrieb ist, kann man das Handwerk hautnah erleben. Und: Wie wäre es mit einem Feuerkorb oder einer Wetterhexe für zu Hause?

Miniaturenpark ➜ nördl. bA1
Dornbergsweg 27, Wernigerode
✆ (039 43) 408 91 11
www.buerger-und-miniaturenpark-wr.de
Die Miniaturlandschaft besteht aus rund 60 bedeutenden Bauwerken im Harz im Maßstab 1:25. Von der Kaiserpfalz über den Halberstädter Dom bis zur Harzer Schmalspurbahn sind es so nur wenige Schritte. Eingebettet sind die Miniaturen in den 15 Hektar umfassenden Wernigeröder Bürgerpark mit Spielplätzen, Haustiergehege, Themengärten und einem Restaurant.

Zeitwerk ➜ bC3
Große Bergstr. 2 A, Wernigerode
✆ (03943) 694 78 84, robin-pietsch.de
Nur mit Reservierung
Robin Pietsch hat sich mit seinem Wohnzimmer-Restaurant einen Michelin-Stern erkocht. Die Küche ist jung, kreativ und eigensinnig, die Zutaten sind regional. Trendiges Ambiente trifft charmant-legeren Service. €€€

Harzer Baumkuchen-Café ➜ nordwestl. bA1
Neustadter Ring 17, Wernigerode
✆ (039 43) 63 27 26
www.harzer-baumkuchen.de
Hier kann man zu bestimmten Zeiten zuschauen, wie ein Baumkuchen gebacken wird, und sich natürlich auch sonst von der Qualität des fertigen Produkts bei einer Tasse Kaffee überzeugen.

Wiecker am Markt ➜ bC2
Marktplatz 6–8, Wernigerode
✆ (039 43) 26 16 90
cafe-wiecker.de
Landesinnungsmeister Michael Wiecker bürgt für Qualität. Torten, Trüffel und Pralinen in großer Auswahl, außerdem werden Frühstück und kleine Gerichte serviert. €

Die Krellsche Schmiede ist seit 1688 in Betrieb

Schlossfestspiele ➡ bD4
Wernigerode
Alljährlich ab Ende Juli finden im Innenhof des Wernigeröder Schlosses Opern- und Operettenaufführungen statt, eine Veranstaltung des Philharmonischen Kammerorchesters Wernigerode.

Ausflugsziel:

Steinerne Renne ➡ C7
In einem gut 2 km langen Abschnitt schlängelt sich das Flüsschen Holtemme durch ein enges, bewaldetes Tal und bildet eine »Steinerne Rinne«. Eine schon seit mehr als 100 Jahren beliebte Wanderung führt vom Bahnhof Steinerne Renne bis zum gleichnamigen Waldgasthaus und Hotel.

Die Dorfkirche Benzingerode liegt nur sechs Kilometer vom Stadtzentrum Wernigerodes entfernt

Die Wanderwege im Bodetal sind gut ausgeschildert

Süd- und Ostharz mit Harzvorland

Die Region östlich der Linie von Halberstadt und Blankenburg im Norden bis Walkenried und weiter gen Süden umfasst die niedrigeren Teile des Harzes und das Harzvorland. Hier finden Besucher ausgezeichnete Möglichkeiten, die Natur zu erleben, z. B. beim Wandern durch das Bodetal bei Thale. Ebenso reiht sich aber ein kulturelles Highlight ans andere, allen voran die Weltkulturerbestätten Quedlinburg (vgl. Stadtrundgang Seite 12 ff.), Lutherstadt Eisleben und Zisterzienserkloster Walkenried.

BALLENSTEDT ➡ D10

Ballenstedt ist der Stammsitz der Askanier, auf die auch der Bau des Schlosses zurückgeht. Albrecht der Bär, der wohl berühmteste Askanier, residierte hier im 12. Jahrhundert als Markgraf von Brandenburg. Er wurde um 1170 in der Klosterkirche beigesetzt. Heute ist die knapp 9000 Einwohner zählende Stadt vor allem als staatlich anerkannter Erholungsort bekannt.

ℹ Tourist Information ➡ D10
Anhaltiner Platz 7, 06493 Ballenstedt
✆ (03 94 83) 263
www.ballenstedt.de

Teufelsmauer bei Thale im Sonnenuntergang

In den Jahren 1905/06 entstand das neue Rathaus in Ballenstedt

🏛 Stadtmuseum Wilhelm von Kügelgen ➡ D10

Allee 37, Ballenstedt
✆ (03 94 83) 968 20

Das Stadtmuseum ist in einem stattlichen Bürgerhaus aus dem 18. Jh. untergebracht und dem Schriftsteller und Maler Wilhelm von Kügelgen, der von 1833 bis zu seinem Tod im Jahr 1867 in Ballenstedt lebte, gewidmet. Seine »Jugenderinnerungen eines alten Mannes« wurden zu einem der meistgelesenen Bücher der damaligen Zeit und waren bereits 1922 in der 230. Auflage erschienen.

👁 🏛 Schloss ➡ D10

Schlossplatz 3, 3 Ballenstedt
✆ (03 94 83) 825 56

Das barocke Schloss Ballenstedt stammt weitgehend aus der ersten Hälfte des 18. Jh., bezieht allerdings Teile einer Klosteranlage aus dem 11./12. Jh. mit ein. Die Grablege des Markgrafen Albrecht des Bären (um 1100–1170) befindet sich in der Nikolaikapelle. In der Ausstellung »Höfisches Wohnen« im Südflügel des Schlosses wird das Leben der Askanier um 1900 nachgezeichnet. Im Nordflügel befinden sich das Filmmuseum und eine Ausstellung zur Jagd- und Forstgeschichte des anhaltischen Waldes. Sehenswert sind zudem die romanische Krypta im Schlossturm und das Schlosstheater aus dem 18. Jh.

Gartenkunst am Harzrand

Schloss Ballenstedt

Ballenstedt, Sachsen-Anhalt

Wer Gärten und Schlösser mag, der ist in Ballenstedt richtig. Fürst Friedrich Albrecht erklärte das 1073 in einer von König Heinrich IV. ausgestellten Urkunde erstmals erwähnte Ballenstedt 1765 zur Residenzstadt. Damit begann eine politische, wirtschaftliche und kulturelle Blütezeit. Weil eine Residenzstadt auch einen Tempel der Kultur braucht, begann man schon bald mit dem Bau des Schlosstheaters. Am 8. Juni 1788 fand die Eröffnung statt und damit ist das Ballenstedter Haus eine der ältesten Bühnen in Deutschland. Kaum war das Theater fertig, kamen auch schon die großen Stars der damaligen Zeit. Albert Lortzing und Franz Liszt traten auf und sicherten den künstlerischen Ruf von Ballenstedt weit über die Region hinaus. Der Maler Caspar David Friedrich schuf hier 1811 eines seiner bekanntesten Gemälde: »Gartenterrasse« zeigt seine Malerkollegin Caroline Bardua, wie sie auf einer Bank in der Baumallee zwischen Schloss und Neustadt sitzt. Den genauen Ort, den das Gemälde zeigt, kann man allerdings nicht besuchen, denn der Künstler komponierte das Werk aus verschiedenen Motiven im Schlosspark.

Das barocke Schloss Ballenstedt hingegen ist zu besichtigen. Es wurde in der ersten Hälfte des 18. Jahrhunderts erbaut, wobei man Teile einer alten Klosteranlage aus dem 11. und 12. Jahrhundert einbezog. Die Grablege des Markgrafen Albrecht des Bären (um 1100–1170) und seiner Gemahlin Sophie befindet sich in der ehemaligen Klosterkirche des Schlosses.

Für viele Besucher ist jedoch der Park der Hauptanziehungspunkt. Die Anlage wurde Ende des 19. Jahrhunderts von Peter Joseph Lenné, dem damals berühmtesten Gartenarchitekten, umgestaltet. Bis heute zählt der Schlosspark zu den bedeutendsten Parkanlagen in Sachsen-Anhalt.

In der 1785 erbauten Schlossmühle, mitten im Park gelegen, wird schon lange kein Mehl mehr gemahlen. Heute befinden sich hier – durchaus passend für eine Stadt, die schon immer großen Wert auf die Kunst legte – ein Bildhaueratelier und eine Galerie.

Info: Ballenstedt liegt ca. 15 km südöstlich von Quedlinburg. **Info Schloss Ballenstedt:** Schlossplatz 3, 06493 Ballenstedt, Tel. (03 94 83) 825 56.

Das barocke Schloss Ballenstedt ist von einem Gartenkunstwerk des 18. und 19. Jahrhunderts umgeben

Schlosspark ➡ D10

Schlossplatz 2, Ballenstedt

Der Ballenstedter Schlosspark, eine der bedeutendsten Parkanlagen des Landes, wurde im 18. Jh. im Auftrag von Fürst Friedrich Albrecht von Anhalt-Bernburg (1735–1796) angelegt und zwischen 1858 und 1863 von dem berühmten preußischen Gartenarchitekten Peter Joseph Lenné neugestaltet. Mitten im Park liegt die Schlossmühle, erbaut 1785. Im Sommer finden dort sonntags um 11 Uhr Matineen statt.

Ausflugsziele:

Roseburg ➡ D10

Ballenstedt, Ortsteil Rieder

www.roseburg-harz.de

Die Roseburg ist der perfekte Ort für Prinzessinnen und Prinzen, für Romantiker und Verliebte. Der Architekt Bernhard Sehring erbaute das verspielte Gebäude im Jahr 1908 nach mittelalterlichem Vorbild. Da Prinzessinnen mit ihrem Auserwählten auch promenieren wollen, schließt sich eine weiträumige Parkanlage mit Skulpturen an das Schloss an.

Verwunschen: die Roseburg

Bernburg (Saale) – entdecken & erleben!

Bernburg an der Saale
Tourist Information
Lindenplatz 9, 06406 Bernburg (Saale)
✆ (034 71) 346 93 11
www.bernburger-freizeit.de

Bei einem Bummel durch die Stadt entdecken Besucher Schloss Bernburg mit dem Eulenspiegelturm und die liebevoll sanierte Altstadt mit zahlreichen Sehenswürdigkeiten. Dazu zählen das Carl-Maria-von-Weber-Theater, das Rathaus mit der bekannten Blumenuhr und der geografisch-astronomischen Kunstuhr sowie die Fürstengruft mit prachtvollen Särgen derer zu Anhalt-Bernburg. Die kleine Parkeisenbahn führt durch das Bernburger Krumbholz mit dem Tiergarten, dem Keßlerturm und dem Märchengarten »Paradies«.

Mit dem vollklimatisierten Fahrgastschiff MS Saalefee geht es durch den Naturpark Unteres Saaletal.

Die überregionalen Radwanderwege Europaradweg R1, Saale-Radwanderweg und Lutherweg sowie zahlreiche regionale Rundwege queren die Stadt.

Tor zum Schloss Bernburg

BLANKENBURG ➡ D8

Seit 2016 darf sich Blankenburg (13 600 Einwohner) mit dem Titel »Staatlich anerkannter Erholungsort« schmücken. Die Stadt liegt am Nordrand des Harzes unweit von Quedlinburg und ist vor allem für seine Schlösser und die sie umgebenden Parkanlagen bekannt.

Tourist Information ➡ D8
Schnappelberg 6
38889 Blankenburg
✆ (039 44) 36 22 60
www.blankenburg.de

Großes Schloss ➡ D8
Großes Schloss 1
Blankenburg
www.rettung-schloss-blankenburg.de
Regelmäßig Schlossführungen, mit Café
Das im Jahr 1123 erstmals urkundlich erwähnte Große Schloss war damals eine wehrhafte Burg und die Residenz des Sachsenherzogs Lothar von Süpplingenburg, der eine große Karriere vor sich hatte: 1125 wurde er zum König gewählt und war dann von 1133 bis 1137 Kaiser des Römisch-Deutschen Reiches. Die Burg erfuhr über die Jahrhunderte hinweg viele bauliche Verände-

Die Sandsteinhöhlen unterhalb des Regensteins im Norden von Blankenburg liegen versteckt im Kiefernwald. Die Germanen sollen die Waldlichtung als Versammlungsplatz genutzt haben

Im barocken Kleinen Schloss Blankenburg ist die Tourist Information untergebracht

rungen und verlor ihren wehrhaften Charakter. Heute zeigt sich das Große Schloss in barockem Gewand, das es nach dem letzten Umbau 1705 anlegte. Nach dem Zweiten Weltkrieg war das Schloss bis 1992 ein Genesungsheim bzw. eine Fachschule, danach stand es zwölf Jahre lang leer und verfiel zusehends. Inzwischen sind einige Räume wiederhergerichtet und können im Rahmen von Führungen besichtigt werden.

Kleines Schloss und Schlossgarten ➡ D8
Schnappelberg 6, Blankenburg
www.blankenburg.de
Das Kleine Schloss wurde 1725 im Stil des Barocks als fürstliches Lustschloss errichtet, heute ist die Tourist Information in dem Gebäude untergebracht. 1917 kam im Kleinen Schloss die spätere griechische Königin Friederike von Hannover, die Mutter der spanischen Königin Sofia und Großmutter des spanischen Königs Felipe V. auf die Welt. Vor dem Schloss steht eine Kopie des Braunschweiger Löwen. Der Schlosspark lädt zu einem abwechslungsreichen Spaziergang ein, vorbei

Von der Ruine Regenstein eröffnet sich eine großartige Aussicht

an Brunnen, Sandsteinfiguren und Blumenrabatten. Von einem kleinen Aussichtsturm hat man einen weiten Blick über die Stadt.

Ausflugsziel:

Ruine Regenstein ➡ C8
Knapp 3 km nördlich von Blankenburg
Am Platenberg, Blankenburg
✆ (039 44) 612 90
www.burg-regenstein.de
Die fotogene Ruine, die Besuchern einen weiten Blick über das Harzvorland erlaubt, ist ein beliebtes Ausflugsziel. Urkundlich wurde sie erstmals 1162 erwähnt. Ab 1671 bauten die Preußen die Burg dann zur Festung aus und umgaben sie bis zur Mitte des 18. Jh. mit einer 1,2 km langen Mauer. Nachdem die Festung 1757 kurzzeitig den Franzosen übergeben werden musste, sprengten die Preußen die Burg Regenstein nach deren Rückeroberung, um eine eventuelle Nutzung durch den Feind unmöglich zu machen. Der Burgbrunnen von

1671 war 197 Meter tief und damit der tiefste, den es weltweit gab. Heute ist er zugeschüttet und muss deshalb den Rekordtitel dem Brunnen auf der Reichsburg am Kyffhäuser überlassen. Im Sommer finden mit der Ruine als perfekter Kulisse auf Burg Regenstein Ritterspiele statt.

LUTHERSTADT EISLEBEN ➡ F12

Wer sich für den Reformator Martin Luther interessiert, für den steht Eisleben (22 400 Einwohner) ganz oben auf der Besuchsliste. Den Beinamen »Lutherstadt« führt Eisleben offiziell seit 1946 im Namen. Das Geburts- und das Sterbehaus Luthers gehören seit 1996 zum UNESCO-Welterbe. Zwar hat Martin Luther nie länger in Eisleben gelebt. Er wurde dort aber am 10. November 1483 geboren und am folgenden Tag, dem Martinstag, in der St.-Petri-Pauli-Kirche getauft. Wenige Monate später zog die Familie ins benachbarte Mansfeld. Auch als er längst in Wittenberg wohnte,

Schönes Eckhaus in der Altstadt von Eisleben

In der St.-Petri-Pauli-Kirche wurde Martin Luther getauft

Die Wiege der Reformation

LUTHER-GEDENKSTÄTTEN

Lutherstädte Eisleben, Wittenberg und Mansfeld, Sachsen-Anhalt

Ohne diesen ehemaligen Augustinermönch sähe die Welt heute anders aus. Er lehnte viele Praktiken der römisch-katholischen Kirche ab, vor allem den Ablasshandel. Seine 95 Thesen wirkten wie ein Erdbeben, das noch in Rom zu spüren war. Auf historischen Spuren wandeln, das ist in Eisleben kein Problem. Die Geburts- und Sterbestadt Luthers setzt den Besucher auf die Fährte des berühmten Theologen: Der »Lutherweg« führt an den Stationen vorbei, die für Luther von Bedeutung waren.

Luther-Denkmal auf dem Wittenberger Marktplatz

In seinem Geburtshaus und dem modernen Anbau ist in dreizehn Themenräumen die Ausstellung »Von daher bin ich – Martin Luther und Eisleben« zu sehen; rund 250 Exponate erzählen von der Herkunft des Reformators. Die Wohnung seiner Eltern, in der er zur Welt kam, wurde nachgebildet. Seine letzten großen Predigten hielt Luther in der spätgotischen Andreaskirche, in der die sogenannte Lutherkanzel erhalten blieb. Gegenüber befindet sich das (angebliche) Sterbehaus. Hier wird auch eine »Reliquie« des Reformators aufbewahrt, das Bahrtuch.

Knapp 125 Kilometer nordöstlich von Eisleben liegt Wittenberg, ein weiterer wichtiger Ort im Leben Luthers, denn hier soll er am 31. Oktober 1517 seine 95 Thesen an die Tür der Schlosskirche angeschlagen haben, die nun als »Denkmal der Reformation« gilt. Die originale hölzerne Tür, 1760 im Siebenjährigen Krieg verbrannt, wurde im 19. Jahrhundert vom preußischen König Friedrich Wilhelm IV. durch eine bronzene Tür ersetzt. 35 Jahre lebte Luther in Wittenberg. Sein Wohnhaus, das heutige Lutherhaus, zeigt ebenfalls eine große Ausstellung, die sich mit Leben, Werk und Wirkung des Reformators beschäftigt.

Wer von dort zurück in Richtung Marktplatz geht, kommt am Melanchthonhaus vorbei, das wie die Lutherhäuser von Wittenberg und Eisleben auf der Liste der UNESCO-Welterbestätten steht. Die hiesige Ausstellung gewährt Einblicke in das Leben und Werk des Humanisten und Freundes Luthers. Luther fand in Wittenberg zusammen mit Philipp Melanchthon seine letzte Ruhestätte.

Die Kindheit verbrachte Luther in Mansfeld, nur etwa 15 Kilometer von seiner Geburtsstadt entfernt. Sein Elternhaus wurde im Jahr 2014 um einen Museumsneubau erweitert. In der Ausstellung »Ich bin ein Mansfeldisch Kind« geht es um den familiären Alltag sowie die Beziehungen der Familie zu Stadt, Kirche und den Mansfelder Grafen.

INFO: lutherstaedte-eisleben-mansfeld.de. **INFO EISLEBEN:** Tourist Information, Markt 22, 06295 Lutherstadt Eisleben, Tel. (034 75) 60 21 24, www.eisleben.eu. **INFO MANSFELD:** Tourist Information, Junghuhnstr. 2, 06343 Stadt Mansfeld, Tel. (03 47 82) 903 42, www.mansfeld.eu. **INFO WITTENBERG:** Tourist Information, Schlossplatz 2, 06886 Lutherstadt Wittenberg, Tel. (034 91) 49 86 10, www.lutherstadt-wittenberg.de. **INFO LUTHERMUSEEN:** www.luthermuseen.de.

blieb er seiner Heimatstadt eng verbunden. So reiste er im Winter 1546 in die Stadt, um dabei zu helfen, die Streitigkeiten innerhalb der Mansfeldischen Grafenfamilie zu lösen. Da Luther damals schwer herzkrank war und ihn die Winterkälte zusätzlich angriff, erlitt er einen Schwächeanfall. Innerhalb von nur wenigen Tagen verschlechterte sich Luthers Zustand so sehr, dass er in der Nacht zum 18. Februar starb. Beigesetzt wurde der Reformator vier Tage später in Wittenberg.

Tourist Information ➜ F12
Markt 22, 06295 Eisleben
✆ (034 75) 60 21 24
lutherstaedte-eisleben-mansfeld.de

Luthers Geburtshaus – Gedenkstätte und Museum
➜ F12
Lutherstr. 15, Lutherstadt Eisleben
✆ (034 75) 714 78 14
lutherstaedte-eisleben-mansfeld.de
www.luthermuseen.de
Das einst an dieser Stelle stehende Gebäude, in dem der Reformator zur Welt kam, brannte 1689 bis auf die Grundmauern ab. Bereits vier Jahre später ließ die Stadt hier eine Gedenkstätte errichten. An die Stelle

Blick vom Geburtshaus auf die St.-Petri-Pauli-Kirche

Blick auf das Museum Luthers Sterbehaus

des kleinen Stadthauses, in dem Luther geboren wurde, trat ein repräsentatives Museumsgebäude, unter dem sich, wie man heute weiß, noch Reste des originalen Geburtshauses befinden. Das Eislebener Luthermuseum zählte damals zu den ersten Museen weltweit, die einer einzelnen Person gewidmet waren. Den barocken Bau verzierte man mit Elementen aus der Renaissance – er sollte an den Baustil erinnern, der zur Zeit der Geburt Luthers dominiert hatte. Der Innenhof wurde 1867 von dem berühmten preußischen Architekten Friedrich August Stüler, der unter anderem auch das Neue Museum in Berlin plante, konzipiert. Die Arkaden und das Fachwerk im ersten Stock setzte man damals vor das bereits bestehende Gebäude. Heute wird hier die Dauerausstellung »Von daher bin ich – Martin Luther und Eisleben« gezeigt.

Museum Luthers Sterbehaus ➡ F12
Andreaskirchplatz 7, Lutherstadt Eisleben
✆ (034 75) 714 78 40
lutherstaedte-eisleben-mansfeld.de
www.luthermuseen.de
Jahrhundertelang war man einem Irrtum aufgesessen, weshalb man heute nicht mehr von Luthers Sterbehaus, sondern dem Museum Luthers Sterbehaus spricht.

Tatsächlich ist Luther am 18. Februar 1546 in dem Haus des Hüttenmeisters Dr. Philipp Drachstedt am Markt 56 gestorben. Der Reformator war damals nach Eisleben gekommen, um Streitigkeiten zwischen Drachstedts Sohn und der Grafenfamilie Mansfeld zu schlichten. Das Sterbehaus wurde schon bald nach Luthers Tod zu einer Art Pilgerstätte. Wegen des Gerüchts, dass Holzspäne aus Luthers Sterbebett gegen Zahnschmerzen helfen sollten, nahmen viele Besucher heimlich einen kleinen Holzsplitter mit. Luther hatte zu Lebzeiten den Reliquienkult aufs Schärfste abgelehnt und nun wurde sein Sterbehaus selbst zum Ort für Reliquienjäger. Das passte nicht zusammen. So beschlossen die Zuständigen in der evangelischen Kirche kurzerhand das Sterbebett zu verbrennen und das Haus als Pilgerstätte zu schließen.

1726 kam es dann zu dem Chronistenfehler, der den Irrtum bezüglich des Sterbehauses begründete. Der Geschichtsschreiber Eusebius Francke bezeichnete in seiner »Historie der Grafschafft Manßfeld« das Haus am heutigen Andreaskirchplatz 7 als Sterbehaus Luthers, wobei er das Haus von Dr. Philipp Drachstedt, in dem Luther tatsächlich gestorben war, mit dem von dessen Sohn Barthel Drachstedt verwechselte. Als die preußische Verwaltung 1863 eine Luther-Gedenkstätte errichten ließ, verließ sie sich auf Franckes Chronik. Da es keine Originalmöbel mehr gab, gestaltete man die Schlafkammer und den Sterberaum mit Mobiliar aus Luthers Epoche nach.

Die Verwechslung wurde erst in den 1960er Jahren aufgedeckt, als ein Umzug ins richtige Gebäude nicht mehr möglich war – es wurde bereits im 16. Jahrhundert weitgehend abgerissen. Am Markt 56 befindet sich heute das Hotel Graf von Mansfeld.

Im Museum Luthers Sterbehaus am Andreaskirchplatz wird die Ausstellung »Luthers letzter Weg« gezeigt. Eines der wenigen originalen Stücke ist das Bahrtuch, das Luthers Sarg auf dem Weg nach Wittenberg bedeckte. Die nachempfundene Schlafkammer und das Sterbezimmer sind auch heute noch zu besichtigen.

St. Petri-Pauli-Kirche ➡ F12
Petrikirchplatz 22, Lutherstadt Eisleben
✆ (034 75) 711 80 22
www.zentrum-taufe-eisleben.de

Blick vom Schloss auf Mansfeld und Luthers Elternhaus

Detail des Lutherdenkmals auf dem Marktplatz von Eisleben

In der dreischiffigen, spätgotischen Hallenkirche wurde Martin Luther am 11. November 1483 getauft. Der Taufstein trägt eine lateinische Inschrift im Kesselkranz, der zufolge dies »die Reste des Taufsteins sind, in dem der selige Martin Luther im Jahr 1483 getauft wurde«.

Ausflugsziel:

Luthers Elternhaus ➡ F11
Lutherstr. 26, Mansfeld
✆ (03 47 82) 919 38 10
lutherstaedte-eisleben-mansfeld.de
www.luthermuseen.de
Das 17 km nordwestlich von Eisleben gelegene Mansfeld (8500 Einwohner, www.mansfeld.eu) trägt seit 1996 ebenfalls den Beinamen »Lutherstadt«. Hier befindet sich das Elternhaus Martin Luthers, in dem der Reformator seine Kindheit verlebt hat. Mit diesem Lebensabschnitt beschäftigt sich auch die Ausstellung, die in dem Haus bzw. dem sich anschließenden Museumsneubau gezeigt wird.

In der örtlichen Kirche St. Georg war Luther Ministrant. Das Lutherbild in der Kirche zeigt den Reformator in vollem Ornat.

Ein schöner Spazierweg führt hinauf zum Schloss. Wenn man von unten die rot-weiße Flagge auf der Bastion flattern sieht, weiß man, dass das Schlosscafé geöffnet und das Schloss zugänglich ist.

Heimat der Himmelsscheibe von Nebra

Landesmuseum für Vorgeschichte

Halle an der Saale, Sachsen-Anhalt

Das Landesmuseum für Vorgeschichte beherbergt eine der bedeutendsten archäologischen Sammlungen der Bundesrepublik. Der Bestand beläuft sich auf über 16 Millionen Stücke. Die Dauerausstellung zeigt die archäologischen Funde Sachsen-Anhalts in chronologischer Folge – vom Beginn der Steinzeit bis – mittlerweile – zur frühen Neuzeit.

Das Museum wurde 1819 in Naumburg gegründet und zog 1823 nach Halle, wo es 1918 endlich in das erste Museumsgebäude für Vorgeschichte in Deutschland einziehen konnte. Der von Wilhelm Kreis entworfene Bau orientiert sich an der Porta Nigra in Trier. 2020/21 wurde um- und ausgebaut. Nun repräsentieren etwa 1200 bedeutende Funde auch den Zeitraum zwischen dem 5. und dem 17. Jahrhundert, von der Völkerwanderungszeit über das Mittelalter bis in die frühe Neuzeit.

In die Schlagzeilen geriet das Museum durch die Himmelsscheibe von Nebra, eine Metallplatte aus der Bronzezeit, die im Juli 1999 von Raubgräbern auf dem Mittelberg nahe der Stadt Nebra ausgebuddelt wurde. Nachdem die Scheibe mehrere Jahre von einem Hehler zum nächsten gereicht worden war, ist sie seit 2008 in der Dauerausstellung des Landesmuseums in Halle zu sehen. 2013 wurde sie in das Dokumentenerbe der UNESCO aufgenommen. Die mit Goldapplikationen verzierte, pizzatellergroße Scheibe zeigt astronomische Phänomene und mythologische Symbole und gilt als die weltweit älteste konkrete Himmelsdarstellung.

In der Nähe des Fundortes bei Nebra an der Unstrut eröffnete 2007 das multimediale Besucherzentrum »Arche Nebra« in einem reizvollen futuristischen Bau. Hier wird auf spannende Art versucht, alle Geheimnisse der Himmelsscheibe zu entschlüsseln – ein Erlebnis für Kinder und Erwachsene mit einem digitalen Planetarium. Am Fundort der Scheibe hat man von einer 30 Meter hoch gelegenen Aussichtsplattform aus eine gute Sicht bis zum Kyffhäuser und zum Brocken.

Info: Im Mühlwegviertel unweit der Innenstadt gelegen. **Info Landesmuseum für Vorgeschichte:** Richard-Wagner-Str. 9, 06114 Halle (Saale), Tel. (03 45) 52 47 30, www.landesmuseum-vorgeschichte.de, www.himmelswege.de. **Info Arche Nebra:** An der Steinklöbe 16, 06642 Nebra, Tel. (03 44 61) 255 20, www.himmelsscheibe-erleben.de.

Ein sensationeller Fund aus der frühen Bronzezeit: die Himmelsscheibe von Nebra (ca. 1600 v. Chr.) im Landesmuseum für Vorgeschichte in Halle (Saale)

GERNRODE ➡ D9

Gernrode (3400 Einwohner) liegt zehn Kilometer südlich von Quedlinburg und ist seit 2014 ein Stadtteil der Welterbestadt. Der Ort liegt an der Straße der Romanik, Hauptsehenswürdigkeit ist St. Cyriakus, eine der ältesten Kirchen Nordeuropas.

8 Stiftskirche St. Cyriakus ➡ D9

Marktstr. 20, Quedlinburg, Ortsteil Gernrode
✆ (03 94) 852 75
www.stiftskirche-gernrode.de

Markgraf Gero, ein enger Vertrauter von König Otto I., gründete 959 in Gernrode ein Damenstift. Die dazugehörige, dem hl. Cyriakus geweihte Kirche wird 961 erstmals urkundlich erwähnt. Sie gilt als eines der bedeutendsten Zeugnisse der ottonischen Architektur in Deutschland. Im 19. Jh. hat man nahezu alle bis dahin vorgenommenen Veränderungen an der Kirche rückgängig gemacht, sodass sich das Gotteshaus heute fast vollständig im Gewand des 10. Jh. zeigt. Lediglich die westliche Apsis geht auf die Mitte des 12. Jh. zurück. Das wichtigste Kunstwerk im Inneren ist das Heilige Grab im südlichen Seitenschiff, die älteste erhaltene Nachbildung des Grabes Christi nördlich der Alpen. Das Grabmal des Kirchenstifters Gero liegt in der Vierung.

Bedeutendes Zeugnis ottonischer Architektur: St. Cyriakus in Gernrode

Eine schöne Wanderung führt von Gernrode zur Ruine Stecklenburg ...

... und weiter zur Ruine der Lauenburg, deren einstiges Aussehen ein Modell an der Dorfkirche in Stecklenberg zeigt

Ob in dem Sarkophag von 1519 wirklich Geros Gebeine liegen, ist allerdings stark umstritten. Außerdem beachtenswert ist die dreischiffige Ostkrypta, in der Markgraf Gero die Unterarmreliquie des Heiligen Cyriakus aufbewahrt haben soll.

Hotel Stubenberghaus ➡ D9
Stubenberg 1, Gernrode
✆ (03 94 85) 91 91 51
www.hotel-stubenberg.de
Das Stubenberghaus ist nicht nur Hotel und Restaurant, sondern auch eine der großen Sehenswürdigkeiten von Gernrode. Das Haus wurde 1754 von Fürst Victor Friedrich von Anhalt-Bernburg als Jagd- und Lustschloss errichtet. Bekannt ist es aber vor allem wegen der schier unendlich langen Liste der Gäste, die hier übernachtet oder zumindest dem Stubenberg einen Besuch abgestattet haben. Unter anderem waren die Dichter Klopstock, Tieck, Kleist und Goethe hier, der Maler Caspar David Friedrich, aber auch Otto von Bismarck. Wen die Liste der Berühmtheiten nicht beeindruckt – der Ausflug zum Stubenberg lohnt sich auch wegen der Aussicht. €€

HALBERSTADT ➡ B/C8/9

Halberstadt (38 700 Einwohner) war im Mittelalter eine bedeutende Stadt, 804 wurde sie Bischofssitz, 989 bekam sie durch Otto III. Markt-, Münz- und Zollrechte und 1367 trat sie der Hanse bei. Große Teile der Stadt gingen in der Folge eines alliierten Luftangriffs am 8. April 1945 in Flammen auf. Nach dem Krieg wurden Teile wiederaufgebaut, sodass man auch heute noch

Der Innenraum des Halberstädter Doms beeindruckt in reiner Gotik

Größter mittelalterlicher Domschatz außerhalb des Vatikans

Dom und Domschatz Halberstadt

Halberstadt, Sachsen-Anhalt

Mit einem der schönsten gotischen Dome Deutschlands und dem bedeutendsten mittelalterlichen Kirchenschatz begeistert die ehemalige Bischofsstadt im Vorharz Kenner und Laien. Einzigartig ist die Verbindung von architektonischer Harmonie und einer reichen originalen Ausstattung, wie sie sich an keinem anderen Ort vergleichbar erhalten hat.

Die Kathedrale wurde einheitlich im Stil der französischen Gotik von 1236 bis 1486 erbaut. Etwa 290 mittelalterliche Glasfenster tauchen den Raum in farbiges Licht. Der aus einem Marmorblock geformte Taufstein von 1195 und die originale farbige Triumphkreuzgruppe aus der Zeit um 1220 sind die ältesten und bedeutendsten Kunstwerke des Doms. Im einst heiligsten Bereich, dem Hohen Chor, zeigen vierzehn mittelalterliche Skulpturen – die zwischen 1425 und 1475 entstandenen Figuren der zwölf Apostel und der beiden Dompatrone Stephanus und Sixtus – nach der Restaurierung wieder ihr mittelalterliches Farbkleid.

Mit über 1200 Objekten ist der Halberstädter Domschatz der umfangreichste mittelalterliche Kirchenschatz außerhalb des Vatikans. Prächtige geistliche Gewänder, Elfenbein- und Bergkristallschnitzereien, Skulpturen und Altarbilder zeugen von der Kunst und Glaubenswelt des Mittelalters. Zu den Kunstwerken von Weltrang gehören zwei romanische Wandteppiche aus dem 12. Jahrhundert, die ältesten gewirkten Bildteppiche Europas. Die Farben des Abraham-Engel- und des Christus-Apostel-Teppichs haben kaum an Leuchtkraft, die Figuren nichts von ihrer eindrucksvollen Würde verloren. Die beiden mehr als zehn Meter langen Wirkereien lassen den abgedunkelten Saal in der Domschatzausstellung zu einem der herausragenden Orte auf der Straße der Romanik werden.

In den historischen Räumen der Domklausur vermitteln die Schatzstücke ein eindrucksvolles Erleben ihres einstigen Gebrauchs. Den Kern des Domschatzes bildet der Reliquienschatz, der in kostbare Reliquiare eingelassen ist. Höhepunkt des Rundgangs ist die Schatzkammer, in der Pretiosen u. a. aus Byzanz, Palermo und dem Nahen Osten versammelt sind.

Die Dom- und Domschatz-App führt ganz individuell durch die Kathedrale und ihren Schatz. Bei der Kinderführung präsentieren Bischof Bucco und der lustige Wasserspeier Aquarius die Geheimnisse des Kirchenschatzes auf spannende Weise.

Info: Halberstadt liegt ca. 55 km südwestlich von Magdeburg. **Info Dom und Domschatz:** Besucherzentrum, Domplatz 33 A, 38820 Halberstadt, Tel. (039 41) 242 37, www.dom-schatz-halberstadt.de.

Die Schatzkammer ist Höhepunkt des Rundgangs durch die Ausstellung

Auch in Halberstadt finden die Besucher Fachwerk und …

ein wenig Mittelalter schnuppern kann. Die ältesten erhaltenen Gebäude stammen aus der Zeit um 1500. Der Dom ist das mit Abstand bedeutendste Bauwerk der Stadt. Daneben lohnt ein Blick auf die große Rolandstatue von 1433 am Rathaus und die direkt dahinter liegende Martinikirche aus dem 13./14. Jahrhundert.

Im Gleimhaus, einem der ältesten Literaturmuseen Deutschlands, beschäftigt man sich nicht nur mit der Lebensgeschichte des Dichters Johann Wilhelm Ludwig Gleim (1719–1803), sondern auch ausführlich mit der deutschen Literatur der Aufklärung. Die 130 Gemälde umfassende Porträtsammlung von Schriftstellern des 18. Jahrhunderts hat Gleim selbst angelegt.

Tourist Information ➡ B9
Holzmarkt 1, 38820 Halberstadt
✆ (039 41) 55 18 15
www.halberstadt.de

Gleimhaus ➡ B9
Domplatz 31, Halberstadt
www.gleimhaus.de
Das 1862 im ehemaligen Wohnhaus des Dichters und Sammlers Johann Wilhelm Ludwig Gleim eingerichtete Museum beherbergt den Nachlass Gleims – Bilder, Bücher und Briefe. Beeindruckend ist die Porträtgalerie großer Geister des 18. Jahrhunderts.

… mancherorts sogar mit Blumenpracht

Beeindruckend: der prächtige Dom von Halberstadt

Dom und Domschatz zu Halberstadt ➡ B9
Domplatz 33 A, Halberstadt
✆ (039 41) 242 37, www.dom-schatz-halberstadt.de
Die Magdeburger sind schuld daran, dass in Halberstadt heute ein großer und prächtiger Dom steht. Als das Bistum Magdeburg den Bau eines neuen Doms nach gotischem Vorbild beschloss, wollte man nicht hinter dem Nachbarn zurückstehen. Mit dem bedeutenden Zuwachs des hiesigen Reliquienschatzes nach Rückkehr des Halberstädter Bischofs Konrad von Krosigk vom Vierten Kreuzzug wurde der Bau eines solch monumentalen Domes möglich. Dennoch dauerte es 250 Jahre, bevor man das Gotteshaus 1491 einweihen konnte. Beeinflusst wurde der Bau durch den gotischen Stil französischer Kathedralen, insbesondere jene in Reims diente den Halberstädtern als Vorbild. Der Halberstädter Dom ist für seine fast vollständig erhaltene mittelalterliche Ausstattung bekannt. In der Marienkapelle finden sich bedeutende gotische Glasmalereien. Die 13 Glocken des Doms zählen zu den wertvollsten Geläuten in Deutschland. Im Domschatz sind mehr als 300 Pretiosen ausgestellt, unter anderem ein imposantes Marienstandbild aus dem 13. Jh. und ein Holzsplitter, der vom Kreuz Christi stammen soll und unter geschliffenem Bergkristall in einem kunstvoll gefertigten Tafelschrein aufbewahrt wird. Spektakulär sind die beiden über zehn Meter langen romanischen Wandteppiche.

Ab Halberstadt führt eine abwechslungsreiche Wanderung zum Klusfelsen

John Cage Orgelprojekt ➡ B9

Burchardikirche
Am Kloster 1, Halberstadt
www.aslsp.org

Das John Cage Orgelprojekt ist nichts für Leute, die es eilig haben. Der amerikanische Komponist und Avantgardekünstler John Cage (1912–1992) hat ein Orgelstück geschrieben, dass »so langsam wie möglich« gespielt werden soll. In der Halberstädter Burchardikirche wird es aufgeführt und vom ersten bis zum letzten Ton dauert es 639 Jahre. Da kann ein Ton schon mal mehrere Jahre klingen. Ob Ihnen der aktuelle gefällt, können Sie vorab im Internet testen, dieser eine Ton wird auf der Seite des Projekts gespielt. Die wirklichen Fans planen ihren Besuch am Tag des Klangwechsels, wenn ein Ton auf den anderen wechselt. Wer sich die entsprechenden Termine schon mal im Kalender notieren will: Die nächsten Klangwechsel sind am 5. Feb. 2024, am 5. Aug. 2026 und am 5.Okt. 2027.

HARZGERODE ➡ E9

Harzgerode (7500 Einwohner) wurde um die Jahrtausendwende gegründet und 1315 erstmals urkundlich als Stadt erwähnt. Ursprünglich vor allem als Bergbauort bekannt, kommen seit dem 19. Jahrhundert auch vermehrt Urlaubsgäste. Die wichtigsten Sehenswürdigkeiten im historischen Stadtzentrum sind das 1552 errichtete Schloss, das Rathaus am Marktplatz und die barocke St.-Marien-Kirche. Viele Besucher reizen die ausgezeichneten Wandermöglichkeiten durch das Selketal. Der Selketalstieg gehört zu den reizvollsten Pfaden des Harzes.

Tourist Information Harzgerode ➡ E9
Schlossplatz 3, 06493 Harzgerode
✆ (03 94 84) 72 32 87
www.harzgerode.de
Die Info ist im Schloss untergebracht. Von 1635 bis 1709 diente der Renaissancebau als Residenz der Harzgeröder Linie des anhaltischen Fürstenhauses. Erhalten sind das Hauptgebäude, der Rundturm und der überdachte Wehrgang.

Bergwerkmuseum Grube Glasebach ➡ E9
Glasebacher Weg
Harzgerode, Ortsteil Straßberg
✆ (03 94 89) 226
www.grube-glasebach.de

im Jahr 1384 das erste Mal erwähnt, wurde die Burg im 16. Jahrhundert in das heutige Schloss Harzgerode umgebaut

Ins Tal der Eisvögel

Selketalstieg

Sachsen-Anhalt

Immerhin 74 Kilometer ist er lang, der Selketalstieg, der vom Bahnhof in Stiege über Güntersberge, Alexisbad, Mägdesprung, Meisdorf, Ballenstedt, Gernrode und Bad Suderode bis in die UNESCO-Welterbestadt Quedlinburg führt.

Teilweise folgt der Weg dem Lauf des gleichnamigen Flusses, teilweise verläuft er parallel zur Harzer Schmalspurbahn. Immer aber durchquert er abwechslungsreiche Landschaften. Die Wanderer schätzen besonders den 34 Kilometer langen Abschnitt, der sie in das bis zu 80 Meter tief eingeschnittene Tal der Selke bringt.

Im Gegensatz zu vielen anderen Regionen im Harz wachsen hier an den Berghängen vor allem Laubbäume. Das ist gut für die Natur, denn sie sind – anders als die eigentlich im Harz gar nicht heimischen Fichten, die nach der Abholzung in früheren Jahrhunderten nachgepflanzt wurden – Tiefwurzler. Das heißt, sie können ihren »Durst« in trockenen Jahren mit Wasser aus tieferen Erdschichten stillen. So bleiben sie widerstandsfähig und sind im Vergleich mit den Fichten, die gerade zu Zehntausenden im Harzwald sterben, wesentlich weniger anfällig für Schädlinge wie den Borkenkäfer. Im Herbst, wenn sich die Blätter der Bäume färben und das Selketal in Rot- und Orangetönen leuchtet, hat die Wanderung einen ganz besonderen Reiz.

Winterliche Wanderung auf dem Selketalstieg

Durch die breite Öffnung des Tals in Richtung Harzvorland strömt häufig warme Luft das Tal hinauf. Wegen der besonderen klimatischen Bedingungen des Selketals wachsen hier auch besondere Pflanzen, die man anderorts in der Region nicht oder nur sehr selten findet. Botaniker schwärmen von der astlosen Graslilie, dem zu den Liliengewächsen gehörenden Felsengoldstern oder der Waldhyazinthe. Auch die Tierwelt kann mit seltenen Arten aufwarten. Wildkatzen streifen durch das Tal, allerdings selbst von aufmerksamen Wanderern zumeist unentdeckt, dasselbe gilt für den Schwarzstorch. Schon eher erhascht der Tierfreund einen Blick auf einen Eisvogel, der auf einem Ast am Ufer der Selke sitzt und geduldig aufs Wasser starrt, um sich hineinzustürzen, sobald sich unter ihm ein Fisch zeigt. Wer bei der Tierbeobachtung kein Glück hat, kann zumindest zahlreiche vom Menschen geschaffene Sehenswürdigkeiten entdecken: Burg Falkenstein, den Schlosspark von Ballenstedt, die mehr als 1000 Jahre alte Stiftskirche St. Cyriakus in Gernrode und die mittelalterliche Altstadt von Quedlinburg.

Info Selketalstieg: www.harzinfo.de/erlebnisse/tour/selketal-stieg.

Harzgerode an einem frühen Wintermorgen

Das Museum gliedert sich in drei Teile – die Außenanlagen, in denen man einige Großgeräte besichtigen kann, die Ausstellung zur Grubengeschichte und die Führungen unter Tage.

KYFFHÄUSER ➡ G/H7–9

Streng genommen hat der 9 **Kyffhäuser** in diesem Buch nichts verloren – das kleinste deutsche Mittelgebirge gehört nämlich nicht zum Harz. Wegen einiger geologischer Gemeinsamkeiten und der unmittelbaren Nachbarschaft wird er jedoch als »kleiner Bruder des Harzes« bezeichnet. Seine höchste Erhebung ist der Kulpenberg mit 474 Metern und er erstreckt sich über rund 70 Quadratkilometer. Buchenwälder, Karstgebiete, Höhlen, Obstwiesen, Orchideen, Kraniche und Wildkatzen – der Kyffhäuser ist ein Naturidyll mit gut markierten Routen auf historisch bedeutsamem Boden. Für viele ist er zudem ein Synonym für die mittelalterliche Ruine Reichsburg Kyffhausen und das zwischen 1890 und 1896 zu Ehren Kaiser Wilhelms I. erbaute Kyffhäuserdenkmal.

Die **Reichsburg** ➡ H9 bestand aus Ober-, Mittel- und Unterburg, die mit einer Länge von über 600 und einer Breite von rund 60 Metern gemeinsam eine der größten Burganlagen Deutschlands bildeten. Die Ruine entwickelte sich schon im Zeitalter der Klassik, noch mehr aber in der Romantik zu einer touristischen Attraktion. Der hiesige Brunnen ist der tiefste noch existierende Burgbrunnen weltweit.

Schlafen wie Ritter und Burgfräulein

Jugendherberge »Wasserburg« Heldrungen

Heldrungen, Thüringen

Zwischen Harz und Thüringer Wald befindet sich im 2200-Einwohner-Ort Heldrungen die einzige vollständig erhaltene, befestigte Wasserburg Deutschlands, ein Meisterwerk französischer Festungsbaukunst. Die Grundmauern stammen aus dem 12. Jahrhundert, im frühen 16. Jahrhundert erfolgte dann der Umbau zur vierflügeligen Renaissance-Wasserburg und später die Errichtung einer riesigen Wallanlage mit zwei Grabensystemen, vier Bastionen und fünf Rondellen.

Bis ins Jahr 1712 wurde die Burg als Festung genutzt, ab dem 18. Jahrhundert verlor sie immer mehr an Bedeutung. Erst in den 1970er Jahren begannen aufwendige Sanierungsarbeiten, seitdem ist die Wasserburg eine Jugendherberge. Und was für eine!

Nach nochmaliger Renovierung im Jahr 2011 ist neben dem historischen Ambiente auch für modernen Komfort gesorgt. Zur Verfügung stehen Schlafsäle sowie Einzel-, Doppel- und Familienzimmer. Je nach gebuchter Kategorie verfügen die Zimmer über Dusche und WC oder nur über eine Waschgelegenheit.

Die Wasserburg Heldrungen wurde in eine attraktive Jugendherberge verwandelt

Gespeist wird im historischen Gewölbekeller der Burg. Im Rittersaal wird auf Anfrage ein mittelalterlicher Schmaus angeboten. Mit dem Ruderboot, das Gäste vor Ort ausleihen können, schippert man im Wassergraben und abends sorgt ein Lagerfeuer für Burg-Romantik. Kinder erfreuen sich an Ritterspielen, Pfeil und Bogen sowie Platz zum Spielen und Toben. Auch ein Spielplatz ist vorhanden.

Als Naturpark empfiehlt sich die Kyffhäuserregion besonders für Wanderer, Walker und Fahrradfahrer. Ein Highlight ist die Beobachtung der Kraniche, die auf ihrem Weg nach Süden im Herbst hier rasten. Auch sonst gibt es in der Umgebung viel zu entdecken. Das Kyffhäuserdenkmal thront über den Ruinen der alten Reichsburg Kyffhausen, die im Mittelalter zu den größten und stärksten Burganlagen Deutschlands zählte, und die Barbarossahöhle lockt mit märchenhaften Deckengebilden und kristallklaren Seen.

Info: Gut 10 km südöstlich von Bad Frankenhausen gelegen. **Info Jugendherberge »Wasserburg« Heldrungen:** Schloßstr. 13, 06577 Heldrungen/An der Schmücke, Tel. (03 46 73) 912 24, www.jugendherberge.de/jugendherbergen/heldrungen. **Info Kyffhäuserregion:** www.region-suedharz-kyffhaeuser.de.

Blick vom Kyffhäuserdenkmal auf die Oberburg

Mit dem **Kyffhäuserdenkmal** ➡ H9 wollte man einen Bogen schlagen von Kaiser Wilhelm I., dem 1871 die Reichseinigung gelungen war, zu Kaiser Barbarossa, der genau das als großes Ziel gehabt hatte. Weil man Platz für das 81 Meter hohe Monumentaldenkmal brauchte, riss man Teile der Burg ab. Die Entwürfe zum beeindruckenden Koloss stammen von Bruno Schmitz, der auch für das Leipziger Völkerschlachtdenkmal und das Deutsche Eck in Koblenz verantwortlich zeichnet.

Berühmt gemacht hat den Kyffhäuser die Barbarossasage, der zufolge der Kaiser in einer Höhle am Berg schläft, um eines Tages ins Reich zurückzukehren und Friede und Einheit zu stiften. Den richtigen Zeitpunkt kann er daran erkennen, dass keine Raben mehr um die Burg kreisen. Um nachzuschauen, unterbricht er alle 100 Jahre seinen Schlaf. Diese Sage war im Mittelalter eine Steilvorlage für Hochstapler. Immer wieder tauchte einer auf, der sich für den auferstandenen Kaiser ausgab. Am besten, Sie schauen selbst nach, ob der Kaiser noch schläft – in der **Barbarossahöhle** ➡ H9 bei Rottleben.

Am Stadtrand von **Bad Frankenhausen** liegt das **Panorama Museum** ➡ H9, in dem der Leipziger Monumentalmaler Werner Tübke die Entscheidungsschlacht im Bauernkrieg vom 15. Mai 1525 festgehalten hat.

Panorama Museum in Bad Frankenhausen

Werner Tübkes Monumentalgemälde

BAD FRANKENHAUSEN

Bad Frankenhausen, Thüringen

Das Wahrzeichen der Kurstadt Bad Frankenhausen ist der Schiefe Turm ® der 1382 fertiggestellten Oberkirche. Das Gestein unterhalb der Kirche wird seit Jahrhunderten durch Sole ausgespült, wodurch der Turm inzwischen 4,60 Meter aus dem Lot geraten ist, mehr als der Turm zu Pisa.

Vor knapp 500 Jahren war der in der Diamantenen Aue liegende Ort Schauplatz eines blutigen Glaubenskampfes. Noch heute erinnern Straßen- und Flurnamen wie »Schlachtberg« oder »Blutrinne« an ein Ereignis, das im Mai 1525 etwa 6000 Menschen das Leben kostete. Eine der letzten Schlachten im Deutschen Bauernkrieg wurde hier ausgefochten und endete in einem martialischen Gemetzel und der Festnahme sowie späteren Hinrichtung des radikalen Predigers und »Endzeitpropheten« Thomas Müntzer.

Oberhalb der Stadt thront weithin sichtbar ein zylindrischer Zweckbau, der eines der weltweit größten und figurenreichsten Gemälde präsentiert – das Monumentalbild von Werner Tübke. Zwölf Jahre seines Lebens investierte das Leipziger Malergenie in das Panoramabild, das 14 Meter hoch und 123 Meter lang ist. Als am 14. September 1989 das Museum endlich seine Pforten öffnete, bot sich den staatlichen Auftraggebern ein überwältigendes Monumentalgemälde, das deren Vorgaben in jeder Hinsicht sprengte. Entstanden war ein epochales Gemälde des Umbruchs vom Spätmittelalter zur Neuzeit, aber auch ein universales, zeitloses Welttheater, in dem Grundthemen der Menschheit, wie Liebe und Hass, Tod und Geburt, Eintracht und Zwiespalt, die unendliche Wiederkehr des Gleichen versinnbildlichen. Werner Tübkes »Zauberberg der Geschichte« verkörpert den Gipfel seines Lebenswerkes sowie einen Glanzpunkt abendländischer Kunst überhaupt. Als Bilddom der Superlative erscheint er geradezu als eine »Sixtina des Nordens«, in Bildmacht und Bedeutung vergleichbar allein den großen Kunstleistungen der Vergangenheit.

Anfangs nicht unumstritten hat das Panoramagemälde jetzt einen festen Platz in der Kunstgeschichte, was nicht nur die Verleihung des Europäischen Kulturerbe-Siegels unterstreicht.

INFO: Bad Frankenhausen liegt ca. 60 km nördlich von Erfurt. **INFO PANORAMA MUSEUM:** Am Schlachtberg 9, Bad Frankenhausen, Tel. (03 46 71) 61 90, www.panorama-museum.de.

Bildsaal des Monumentalgemäldes

Die Elisabeth-Quelle

Wer nicht extra nach Pisa fahren möchte, der findet in Bad Frankenhausen ebenfalls einen **Schiefen Turm** ➡ H9. Die Turmspitze der im 14. Jahrhundert errichteten Oberkirche ist beeindruckende 4,60 Meter aus dem Lot. Der Grund: In 25 Metern Tiefe wäscht die Elisabeth-Quelle den Gipsuntergrund aus.

Der Kyffhäuser ist auch ein beliebtes Wandergebiet. Der Barbarossaweg, ein 326 Kilometer langer Fernwanderweg, durchzieht das Gebiet und führt von Sondershausen hinauf zum Kyffhäuserdenkmal. Der Kaiserweg führt Wanderer auf 110 Kilometern von Goslar bis ins Kyffhäusergebirge. Obwohl Letzteres nicht besonders groß ist, ist die Auswahl an Wanderwegen doch schier unendlich. Durch den Kyffhäuserkreis erstreckt sich ein Wanderwegenetz von 1400 Kilometern Länge.

Der Schiefe Turm von Bad Frankenhausen

Sonnenuntergang bei Bad Frankenhausen

Panorama Museum ➡ H9
Am Schlachtberg 9, Bad Frankenhausen
✆ (03 46 71) 61 90
www.panorama-museum.de
Das Monumentalgemälde »Frühbürgerliche Revolution in Deutschland« von Werner Tübke ist mit Führung oder Audioguide zu besichtigen.

Barbarossahöhle ➡ H9
An den Mühlen 6
Kyffhäuserland, Ortsteil Rottleben
✆ (03 46 71) 54 50
www.barbarossahoehle.de
Besichtigung nur im Rahmen einer Führung
Bergleute entdeckten die natürlichen Höhlenräume 1865 zufällig. Beeindruckend sind die bizarren Gesteinsformationen und kristallklaren Seen, besonders ist das Gestein: Höhlen aus Anhydritgestein sind eine geologische Rarität.

Kaiser-Wilhelm-Nationaldenkmal auf dem Kyffhäuser/Kyffhäuserdenkmal ➡ H9
Kyffhäuserland, Ortsteil Steinthaleben
✆ (034 651) 27 80
www.kyffhaeuser-denkmal.de
Das Wilhelm I. zu Ehren errichtete Denkmal ist das – nach dem Völkerschlachtdenkmal in Leipzig – zweitgrößte Nationaldenkmal in Deutschland.

Vor dem Alten Rathaus steht der Nordhäuser Roland

NORDHAUSEN ➔ G7

Die ehemalige Reichsstadt Nordhausen, die 927 zum ersten Mal urkundlich erwähnt wurde, zählt heute gut 40 000 Einwohner. Sie ist Hochschulstandort und ein wichtiges Industriezentrum in Nordthüringen. Im 15. Jahrhundert war die Stadt Mitglied der Hanse; der Nordhäuser Roland – eine Kopie steht vor dem Alten Rathaus, das Original gleich nebenan im Foyer des Neuen Rathauses – ist heute das Wahrzeichen der Stadt. Im nahe gelegenen Mittelbau-Dora wurde von KZ-Häftlingen unter unmenschlichen Bedingungen die V2-Rakete produziert. Das Konzentrationslager ist heute Gedenkstätte und kann besucht werden (Mo geschl.). In den letzten Kriegstagen wurde Nordhausen, das bis dahin für seine Fachwerkhäuser überregional bekannt war, bei alliierten Luftangriffen weitgehend zerstört.

Stadtinformation Nordhausen ➔ G7
Markt 1, 99734 Nordhausen
✆ (036 31) 696 97 97
www.nordhausen.de

Echter Nordhäuser Traditionsbrennerei ➔ G7
Grimmelallee 11, Nordhausen
✆ (036 31) 63 63 63
www.traditionsbrennerei.de
Bei einer Führung durch die historische Brennerei erfahren die Gäste mehr über die Geschichte des Nordhäuser Korns und auch darüber, wie ein guter Korn entsteht und was die Lagerung in Holzfässern bewirkt.

Nördlichste Stadt Thüringens

Nordhausen

Nordhausen, Thüringen

Der 3. und 4. April 1945 waren die Schicksalstage Nordhausens. Damals kamen bei einem alliierten Luftangriff am Ende des Zweiten Weltkriegs fast 9000 Menschen ums Leben, rund 80 Prozent der Stadt wurden zerstört.

Die für Nordhausen bis dahin charakteristischen Fachwerkbauten aus Gotik, Renaissance, Barock, Rokoko und Frühklassizismus wurden vernichtet. Die Wunden des Kriegs sind zwar geheilt, die Narben aber sieht man der Stadt noch heute an. Als »schöne Stadt« wird Nordhausen kaum jemand bezeichnen – deshalb einen Bogen um das Zentrum des Harzvorlands zu machen wäre aber ein großer Fehler. Nordhausen hat nämlich einiges zu bieten.

Deutschlandweit bekannt ist Nordhausen als Kornstadt. Aus diesem Grund ist das Huhn Henriette, das in einer legendären Fernsehwerbung Körner pickend für die örtliche Brennerei Reklame macht, auch die bekannteste Nordhäuserin. Ein Tipp: Die Echter Nordhäuser Traditionsbrennerei hat eine eigene Linie an Premiumspirituosen aus Handmanufaktur, die es nur vor Ort gibt.

Beim britischen Luftangriff im April 1945 wurde auch der Dom stark beschädigt, inzwischen ist er renoviert. Besonders der Kreuzgang und die Krypta der ehemaligen Stiftskirche, beide im romanischen Stil, sind mehr als nur einen Blick wert. Bemerkenswert ist das Kunsthaus Meyenburg, in dem immer wieder hochklassige Wechselausstellungen stattfinden. Hier hingen schon Bilder von Braque, Cézanne, Monet oder Picasso an der Wand – das lässt erahnen, was man erwarten darf.

Für Bahnfreaks ist Nordhausen ein beliebter Startpunkt für eine Tour mit der Brockenbahn. Während viele Besucher ihre Fahrt auf den höchsten Berg des Harzes erst in Wernigerode oder Schierke beginnen, steigen Fans der paffenden Dampfloks schon hier in den Zug. Das verlängert den Genuss ohne finanziellen Einsatz, denn die Tarifstruktur der Harzer Schmalspurbahnen sieht einen Einheitspreis für die Fahrt auf den Gipfel vor, ganz unabhängig davon, wie lange man unterwegs ist.

Info: Nordhausen liegt im Südharz. **Info Nordhausen:** Tourist Information, Markt 1, 99734 Nordhausen, Tel. (036 31) 696 97 97, www.nordhausen.de. **Info Dom:** Domstr. 5, 99734 Nordhausen, Tel. (036 31) 90 23 43, www.heiligeskreuz-nordhausen.de. **Info Kunsthaus Meyenburg:** Alexander-Puschkin-Str. 31, 99734 Nordhausen, Tel. (036 31) 88 10 91.

Blick auf Nordhausen mit dem Petri-Turm

Die denkmalgeschützte Anlage der Echter Nordhäuser Traditionsbrennerei eröffnet spannende Einblicke in die Geschichte und Gegenwart der Kornbrennerei

Echt lecker – der Korn und seine Geschichte

ECHTER NORDHÄUSER TRADITIONSBRENNEREI

Nordhausen, Thüringen

Thomas Müller ist stolz auf das, was er tut. »In diesem alten Eichenfass reift unser Feiner Alter Korn mindestens drei Jahre«, erklärt er uns. »Hier nimmt er seine goldene Farbe an und entwickelt seinen runden Geschmack.«

Unglaubliche 30 Jahre und länger liegt der älteste Korn. Verwendet wird er heute noch für den Korn-Liqueur, den es nur hier gibt. Der Fasskeller ist, wie der Leiter der Echter Nordhäuser Traditionsbrennerei deutlich macht, die Herzkammer.

Nordhausen ist die deutsche Hauptstadt der Kornbrennerei, und das seit Jahrhunderten. Schon im Jahr 1507 berichtet ein Nordhäuser Stadtschreiber über den Kornbranntwein, das »gebrannte Wasser«. 1789 entstand in Nordhausen das erste Reinheitsgebot für Korn im deutschsprachigen Raum und zu dieser Zeit, dem Höhepunkt der Kornproduktion, arbeiteten in der Stadt am Harz 100 Brennereien.

Die meisten verschwanden mit dem Bombardement in den letzten Tagen des Zweiten Weltkrieges. Doch eine ist noch heute zu besichtigen: die 1908 entstandene Brennerei von Joseph Seidel. Das im Jugendstil erbaute Ensemble aus Backstein und schmucken Holzbalken, mit Schornstein und altem Fasskeller wurde 1988 vom größten deutschen Spirituosenproduzenten Nordbrand Nordhausen in Pflege genommen und in ein Museum verwandelt. 2007 kam die Echter Nordhäuser Traditionsbrennerei zu Rotkäppchen-Mumm.

In den aufwendig restaurierten Produktionsräumen mit den denkmalgeschützten technischen Anlagen können Besucherinnen und Besucher bis heute sehen, wie der roggenechte Korn aus Nordhausen gebrannt und gelagert wird. Täglich werden Einzelbesucher und Gruppen durch die Brennerei geführt. Sie sehen die Brennblasen aus Kupfer, die Gärbottiche aus Holz, die Niederlage, wo die Fässer einst befüllt wurden, den alten Fasskeller und vieles mehr. Am Ende werden die Spezialitäten verkostet – vom Feinen Alten Korn, der mindestens drei Jahre im Holzfass lag, über den hauseigenen Gin, den Kräuter-Liqueur »Harzer Grün« bis zu erlesenen Liqueuren mit Ingwer-, Orangen- oder Rosennote. Wer auf den Geschmack kommt, wird im Hofshop fündig.

Zahlreiche Veranstaltungen beleben das Gelände: kulturelle in Kooperation mit dem Theater Nordhausen, ein Hof- und Genussmarkt, ein Erntedankfest, Tastings auf Anfrage etc. Jedes Jahr im Dezember entsteht das »Weihnachtsland« und heiraten kann man hier das ganze Jahr über.

INFO ECHTER NORDHÄUSER TRADITIONSBRENNEREI: Grimmelallee 11, 99734 Nordhausen, Tel. (036 31) 63 63 63, www.traditions brennerei.de, Führungen für Einzelbesucher tägl. außer Mo 14 Uhr.

Verkostung der leckeren Spezialitäten

Flohburg – Das Nordhausen Museum ➡ G7
Barfüßer Str. 6, Nordhausen
✆ (036 31) 472 56 80, nordhausen.de
In der Flohburg, einem der ältesten und historisch wertvollsten Fachwerkhäuser aus dem 15. Jh., ist das Stadtmuseum untergebracht. Neben der Sammlung kann man hier auch immer wieder Sonderausstellungen besuchen.

KZ-Gedenkstätte Mittelbau-Dora ➡ F7
Kohnsteinweg 20, Nordhausen
✆ (036 31) 49 58 20, www.dora.de
60 000 Menschen aus ganz Europa – vor allem aus der Sowjetunion, Polen und Frankreich – wurden zwischen 1943 und 1945 als KZ-Häftlinge in den Harz deportiert, um dort Zwangsarbeit für die Rüstungsindustrie zu leisten. Mehr als jeder dritte starb. Heute dient die Stätte als zeithistorisches Museum und Ort des Gedenkens und der Trauer.

Kunsthaus Meyenburg ➡ G7
Alexander-Puschkin-Str. 31, Nordhausen
✆ (036 31) 88 10 91, nordhausen.de
In einer Jugendstilvilla von 1907 lädt das Kunsthaus regelmäßig zu – zum Teil hochklassigen – Wechselausstellungen ein. Kunstfreunde sollten sich auf jeden Fall über das aktuelle Programm informieren.

Dom ➡ G7
Domstr. 5, 99734 Nordhausen
✆ (036 31) 90 23 43
www.heiligeskreuz-nordhausen.de

In der Altstadt von Nordhausen

Burg Hohnstein, die Ruine einer Höhenburg bei Neustadt

Der Bau des Nordhäuser Doms geht auf die Errichtung eines Frauenstiftes im Jahr 961 zurück. An den Seitenwänden des Chors sind die Statuen aus dem 14. Jh. sehenswert. Sie zeigen die Stifter des Doms, nämlich Kaiser Heinrich I. und dessen Sohn bzw. Enkel Otto I. und Otto II., außerdem deren Gemahlinnen Mathilde, Adelheid und Theophanu. Das Chorgestühl aus Eichenholz stammt von 1380, der Hochaltar aus dem 18. Jh.

Ausflugsziele:

Ilfeld ➡ F7

Der 3000 Einwohner zählende Ort empfiehlt sich als Ausgangspunkt für Wanderungen zu den beeindruckenden Felsformationen Lange Wand, Nadelöhr und Mönch. Besonders spektakulär ist der Gänseschnabel, ein frei stehender Felsen aus Porphyr.

Neustadt ➡ F7

Neustadt liegt etwa 10 km nördlich von Nordhausen am Südhang des Harzes. Die meisten Besucher hier sind auf dem Weg hinauf zur 900 Jahre alte Burgruine Hohnstein. Die Aussicht über das Harzvorland lohnt die Anstrengungen des Aufstiegs. Im Burgasthof (geöffnet Mi–So) kann man sich für den Rückweg stärken. Ebenfalls sehenswert sind das Stadttor von 1412 und die fotogenen Fachwerkhäuser in der kleinen Altstadt.

Ziegenalm Sophienhof ➡ F7

Sophienhof 26, Harztor
✆ (03 63 31) 482 35
www.ziegenalm.de
Das Restaurant mit kleinem Streichelzoo und Käserei ist ein beliebtes Ausflugsziel vom etwa 20 km entfernten Nordhausen. €–€€

Bäche im Untergrund

Naturpark Südharz

Thüringen

Im Südharz verschwinden Bäche und Flüsse im Nichts. Schuld daran ist nicht etwa besonders trockenes Wetter. Es liegt am Untergrund: Im Gipskarst sind »Wasserschwinden« nichts Ungewöhnliches. Dann taucht ein gerade noch rauschender Bach unverhofft in Spalten und Klüften in den Untergrund ab. Entlang des Karstwanderwegs, der durch den 267 Quadratkilometer großen Naturpark Südharz führt, kann man solche Phänomene an mehreren Stellen beobachten.

Bizarre Felsformationen, steile Abbrüche und viele kleine Höhlen sind ein weiteres Charakteristikum der hiesigen Karstlandschaft. Weil Fledermäuse Höhlen lieben, ist die Region ein regelrechtes Paradies für die Flattermänner – 20 Arten kommen hier vor. Die Gipshöhle »Kelle« bei Appenrode ist für Spaziergänger gut erreichbar und daher ein beliebtes Besuchsziel. Sie ist 20 Meter lang und rund 25 Meter hoch, der kleine Höhlensee ist bis zu sechs Meter tief – allerdings war die Kelle ursprünglich viel größer. Erst ein Deckeneinsturz im Jahr 1830 hat sie auf die heutigen Maße reduziert.

Von der Burgruine Hohnstein geht der Blick weit über das Harzvorland

Die Flora hat sich ebenfalls an die Karstbedingungen angepasst. An vielen Stellen wachsen seltene Orchideen. Während im Oberharz die Fichten sterben, von der Trockenheit geschwächt leichte Borkenkäferbeute sind, halten die tiefwurzelnden Buchen im Südharz der Trockenheit – und damit auch der Käferplage – besser stand.

Obwohl man im Südharz nicht so hoch hinaufsteigen kann wie im Norden, kann man doch ausgezeichnet herunterschauen. Von den Sattelköpfen bei Hörningen hat man einen ebenso weiten Panoramablick wie vom Aussichtsturm auf dem Gipfel des Poppenbergs, der mit 601 Metern höchsten Erhebung der Region. Knapp 100 Meter niedriger liegt der Rote Schuss nördlich von Ellrich – trotzdem wird auch hier Weitblick geboten. Zum Thema Ausblick, in diesem Fall über das Harzvorland, muss man auch die 900 Jahre alte Burgruine Hohnstein oberhalb von Neustadt erwähnen. Und spektakuläre Felsenformationen ragen in der Schlucht des Steinmühlentals in den Harzer Himmel. Auch der Gänseschnabel bei Ilfeld, ein frei stehender Felsen aus Porphyr, ist ein gefragtes Fotomotiv.

Info Naturpark Südharz: Burgstr. 34 A, 99768 Harztor, Ortsteil Neustadt, Tel. (03 61) 573 93 20 00, www.naturpark-suedharz.de.

Zweimal im Jahr können Besucher die Spitzkegelhalde »Hohe Linde« am nördlichen Stadtrand von Sangerhausen erklimmen

SANGERHAUSEN ➡ G10/11

Sangerhausen (25 400 Einwohner) im Harzvorland ist vor allem als Rosenstadt bekannt. Neben dem Besuch des bekannten Europa Rosariums lohnt sich auch ein Spaziergang durch die Innenstadt mit Bürgerhäusern aus der Zeit der Renaissance.

Tourist-Information am Rosarium ➡ G11
Am Rosengarten 2 A
06526 Sangerhausen
✆ (034 64) 194 33
sangerhausen-tourist.de

Europa-Rosarium ➡ G11
Sangerhausen
Haupteingang: Am Rosengarten 2 A
Stadteingang: Beyernaumburger Str.
www.europa-rosarium.de
Ein Muss für alle Blumenfreunde: Im Europa-Rosarium blüht auf 13 Hektar die größte Rosensammlung der Welt, 8600 Rosenarten und -sorten und 80 000 Rosensträucher wachsen hier.

Blick vom Schloss auf Stolberg

STOLBERG ➡ F8

Wegen seiner vielen Fachwerkhäuser aus dem Mittelalter darf Stolberg den Titel »Historische Europastadt« führen. Bekannt ist der Ort als Residenz der Grafen zu Stolberg und als Geburtsort des Bauernführers Thomas Müntzer (1489–1525), dessen Truppen auch kurzzeitig das Schloss besetzten. Nach der Niederlage in der Schlacht bei Bad Frankenhausen wurde er gefangen genommen, gefoltert und am 27. Mai 1525 öffentlich enthauptet.

Tourist Information ➡ F8
Niedergasse 17
06536 Stolberg-Südharz
✆ (034 654) 454
www.stadt-stolberg.de

Museum Alte Münze ➡ F8
Niedergasse 17/19, Stolberg
✆ (034 654) 859 60
Bereits im Mittelalter war Stolberg für seine Münzprägestätten bekannt. In einem alten Fachwerkhaus befindet sich – zusammen mit der Tourist Information – eine historische Münzwerkstatt. In den oberen Stockwerken des Museums ist eine Ausstellung zu dem in Stolberg geborenen Bauernführer Thomas Müntzer untergebracht.

Ein Traum in Fachwerk

STOLBERG IM HARZ

Stolberg, Sachsen-Anhalt

In einem Tal im Harz liegt, umgeben von dichten Buchenwäldern, ein langgezogenes Dorf, das eigentlich eine Stadt ist. Zwar hat Stolberg nur knapp über 1000 Einwohner und ist heute auch keine selbstständige Kommune mehr, doch auf das im 13. Jahrhundert verliehene Stadtrecht sind die Stolberger heute noch stolz.

Der kleine Ort, der um das Jahr 1000 herum als Bergmannssiedlung entstand, ist ein echtes Fachwerkjuwel: Dicht an dicht stehen malerische Häuser aus dem Mittelalter und der Renaissance, die meisten liebevoll restauriert. Um das historische Gepräge des Ortes nicht zu stören, gibt es in Stolberg – einmalig in Deutschland – keinerlei Ampeln und Verkehrsschilder und es darf auch nur begrenzt geparkt werden.

Ein architektonisches Kuriosum ist das an einem Hang gelegene Rathaus. Es hat mehrere Stockwerke, aber kein Treppenhaus. Man erreicht die oberen Etagen nur über eine Außentreppe, die zu jener spätgotischen Kirche hinaufführt, in der 1525 Martin Luther gepredigt hat. Der anfangs von Luther inspirierte Theologe Thomas Müntzer, der sich später zum Revolutionär und Bauernführer wandelte, stammte übrigens aus Stolberg. Ihm zu Ehren wurde 1989 im Ortzentrum ein Denkmal errichtet.

Über dem Ort erhebt sich das Schloss der Grafen Stolberg, dessen älteste Bauteile aus dem 13. Jahrhundert stammen.

Eine weitere wichtige Sehenswürdigkeit liegt nur wenige Kilometer entfernt: Das 38 Meter hohe Josephskreuz auf dem Großen Auerberg ist eine beeindruckende Konstruktion aus filigranem Stahlfachwerk. Das Monument in Form eines dreidimensionalen Lateinischen Kreuzes ist dem Eiffelturm nachempfunden und wurde 1896 errichtet. Zur Aussichtsplattform führt eine Wendeltreppe mit 200 Stufen hinauf, bei gutem Wetter reicht der Blick bis zum Brocken und zu den Türmen des Magdeburger Doms!

INFO: Stolberg liegt ca. 78 km westlich von Halle (Saale). **INFO STOLBERG:** Tourist Information Stolberg Harz, Niedergasse 17, Stolberg, 06536 Südharz, Tel. (03 46 54) 454, www.stadt-stolberg.de.

Die Fachwerkstadt Stolberg liegt im Südharz inmitten von Buchenwäldern

Das illuminierte Josephskreuz auf dem Großen Auerberg

Stolberger Schloss ➡ F8

Stolberg

Das Schloss Stolberg, dessen älteste Teile aus dem Jahr 1200 stammen, hat sein heutiges Aussehen durch Umbauten zwischen 1690 und 1700 erhalten. Im ehemaligen Fürstenflügel liegen das klassizistische Große Empfangszimmer und der Rote Saal, der auf einen Entwurf des großen preußischen Baumeisters Karl Friedrich Schinkel zurückgeht. Der Schlossgarten wurde im Rahmen der Initiative »Gartenträume – Historische Parks in Sachsen-Anhalt« als eine der herausragenden Anlagen des Landes ausgezeichnet.

Ausflugsziel:

Josephskreuz ➡ F8

Großer Auerberg

✆ (03 46 54) 859 63

Genau genommenen ist das 38 m hohe Josephskreuz auf dem Großen Auerberg nichts anderes als eine Aussichtsplattform in Kreuzform. 200 Stufen führen nach oben. Bei gutem Wetter kann man sogar die Türme des Magdeburger Doms erkennen.

THALE ➡ D8/9

Thale, das ist da, wo die Hexen tanzen. Der Sage nach liegt deren Lieblingsplatz hoch oben über dem Bodetal, an der Stelle, wo der Fluss aus dem Gebirge herausfließt. Die Aussicht vom Hexentanzplatz hinunter ins Tal und hinüber zum steilen, 403 Meter hohen Granitfelsen Roßtrappe ist spektakulär. Allerdings muss man den Blick mit vielen anderen teilen. Der Hexentanzplatz ist die meistbesuchte Sehenswürdigkeit im Umkreis, mit Restaurants, Souvenirläden, einem Freilichttheater und einer Allwetterrodelbahn. Sogar einen Tierpark gibt es. Zwar kann man auch mit dem Auto zum Hexentanzplatz fahren (Parkgebühr), schöner jedoch ist es, mit der Kabinenbahn aus dem Ortszentrum von Thale nach oben zu schweben.

Baba Jaga wohnt standesgemäß in einem Haus auf Hühnerbeinen

Schon im 19. Jahrhundert kamen die Touristen, um sich in der Hubertusquelle zu kurieren oder auf Schusters Rappen den Harz zu erkunden. Goethe, Klopstock und Eichendorff waren natürlich auch hier. Heinrich Heine hielt seine Erlebnisse in der »Harzreise« fest und Theodor Fontane verewigte Thale in seinem Roman »Cécile«.

Die Wanderer unserer Tage schätzen den Harzer-Hexen-Stieg durchs Bodetal, der auf diesem Abschnitt in knapp 20 Kilometern von Thale nach Wendefurth führt. Sehr lohnend ist auch die Wanderung entlang der Felsformation ⑩ **Teufelsmauer** ➡ D8–10 mit zahlreichen markant herausragenden Einzelfelsen. Bereits im Jahr 1852 wurde diese Landschaft als »Gegenstand der Volkssage und seltene Naturmerkwürdigkeit« unter Schutz gestellt. Besonders spektakulär ist der Abschnitt bei der zu Thale gehörenden Gemeinde Neinstedt.

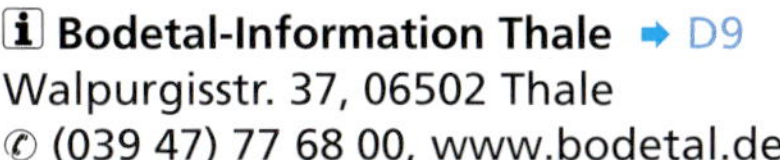

i Bodetal-Information Thale ➡ D9
Walpurgisstr. 37, 06502 Thale
✆ (039 47) 77 68 00, www.bodetal.de

Entspanntes Wandern an der Teufelsmauer

Hoch hinaus!
Die Seilbahnen Thale Erlebniswelt

Beeindruckende Fernsichten und Action

Seilbahnen Thale Erlebniswelt

Thale, Sachsen-Anhalt

Das kantige Bodetal ist durch zwei beeindruckende Felsmassive geprägt, den Hexentanzplatz (454 m) und die Rosstrappe (403 m). Zwischen den beiden Formationen breitet sich die Seilbahnen Thale Erlebniswelt aus.

Sesselbahn bzw. Kabinenbahn erleichtern den Aufstieg auf die Felsgipfel und rundherum bieten sich vielfältige Aktivitäten für Kinder und Erwachsene.

Ein schöner Einstieg ist die Fahrt zur Rosstrappe mit den Zweisitzersesseln; Sportsfreunde nehmen ihr Fahrrad mit – jeder zweite Sessel hat eine Transportvorrichtung für zwei Fahrräder. Nach knapp sieben Minuten Höhenflug ist die Bergstation erreicht. Um den geheimnisvollen Hufabdruck des sagenumwobenen Riesenpferdes auf dem Gipfelfelsen in Augenschein zu nehmen, braucht es nur einen Katzensprung. Großartig ist die Aussicht auf die Bergwelt des unteren Bodetals. Zurück ins Tal geht es entweder bequem und bei schönem Ausblick auf Thale mit dem Lift oder sportlich mit dem Rad auf dem Enduro-Trail des Bikepark Bodetal über Tables und Doubles sowie Road Gaps und durch steile Kurven.

Bei der Fahrt mit der Kabinenbahn auf den Hexentanzplatz haben die Gäste die Wahl: Die rote Kabine gewährt eine perfekte Rundumsicht, die grüne Gondel mit Glasboden gibt auch den Blick auf die sich immer weiter entfernende Schlucht frei. Weit in die Ferne – und auf die Rosskappe – schaut man von oben. Hier ist auch der Startpunkt der Sommerrodelbahn Harzbob. Mit bis zu 40 Stundenkilometern sausen die Bobs auf einer kurvigen Strecke durch den Wald. Zur Stärkung bietet sich der Hexenkessel mit Gerichten für den großen und kleinen Hunger an.

Zurück im Tal werden Kinder von der Spassinsel mit 20 Fahrgeschäften begeistert sein. Kletterlabyrinth, Megaschaukeln, der Boderitt, die Spritzige Sause – die Auswahl ist groß. Für die ganze Familie bietet sich der Mingolfplatz »Bodetal« an, der in 2023 mit Figuren neu gestaltet wurde.

Info: Die Talstation liegt im Westen von Thale an der Bode. **Info Seilbahnen Thale Erlebniswelt:** Goetheweg 1, 06502 Thale, Tel. (039 47) 25 00, www.seilbahnen-thale.de.

Macht Spaß: eine Fahrt mit der Sommerrodelbahn Harzbob

Hexentanzplatz

Thale, Sachsen-Anhalt

Über dem Tal der Bode, auf einem Bergplateau in 454 Metern Höhe, befindet sich eine der mystischsten Stätten Deutschlands: In der letzten Aprilnacht, der Walpurgisnacht, fliegen die Hexen des Harzes auf Besen und Heugabeln heran, um sich auf dem Hexentanzplatz zu ihrer Jahreshauptversammlung zu treffen. Zum Abschluss ihres Meetings starten sie zum nahen Brocken, dem Blocksberg, um dort dem Teufel zu begegnen.

Auf dem Hexentanzplatz finden sich Reste einer 150 Meter langen Mauer, die vermutlich 750 bis 450 v. Chr. als Fliehburg errichtet wurde. Sie könnte die Vermutung bestätigen, dass es sich um einen altsächsischen Kultort handelt, an dem in der Nacht zum 1. Mai heidnische Bräuche gepflegt wurden, bis die zugewanderten christlichen Franken dies verboten. Nach der Überlieferung wurde der Hexentanzplatz von Soldaten bewacht, die von Sachsen, die sich als Hexen verkleidet hatten, vertrieben wurden.

Am Tage eröffnet sich vom Hexentanzplatz ein wunderschöner Blick in den »Canyon« des Bodetals und auf die gegenüber gelegene Rosstrappe, einen fast gleich hohen Granitfelsen, um den sich ebenfalls eine Legende rankt: Der Riese Bodo verfolgte die schöne Königstochter Brunhilde, sie entfloh auf einem weißen Ross, das den Sprung über einen Abgrund schaffte, während der Riese in die Tiefe stürzte. Der Abdruck des Pferdehufs, bei dem es sich um Reste eines germanischen Opferbeckens handeln soll, ist noch zu sehen.

Von Thale aus kann man bereits nach einer kurzen, aber reizvollen Wanderstunde den Hexentanzplatz erreichen. Oder man fährt mit der modernen Kabinenseilbahn, die eindrucksvolle Weitsichten und den Ausblick durch den Glasboden ermöglicht. Auf dem Bergplateau angekommen stimmen fantastische Plastiken von Teufel, Hexe und Humunkulus den Besucher auf die Welt der Sagen und Mythen ein.

Ein Fachwerkhaus steht Kopf: Hexenhäuschen am Hexentanzplatz in Thale

Wer noch mehr über die Sagenwelt des Harzes wissen möchte, besucht die Walpurgishalle, das Museum im altgermanischen Blockhaus. Ein weiterer Höhepunkt ist das Bergtheater Thale aus dem Jahre 1903, eines der ältesten Naturtheater Deutschlands. Von Mai bis September werden hier Festspiele, Konzerte und Theateraufführungen veranstaltet.

Mit Platz für über 1000 Zuschauer bietet sich eine märchenhafte Kulisse, ähnlich der in einem römischen Amphitheater.

Info: Über Thale zu erreichen, Thale liegt ca. 70 km südwestlich von Magdeburg. **Info Bodetal:** Bodetal-Information Thale, Bahnhofstr. 1, 06502 Thale, Tel. (039 47) 77 68 00, www.bodetal.de, www.harztourist.de.

WALKENRIED ➡ F6

Nur wenige Kilometer von der ehemaligen deutsch-deutschen Grenze entfernt liegt das Kloster Walkenried am Südrand des Harzes. Neben der sehr fotogenen Ruine der Klosterkirche gehört auch das komplett erhaltene gotische Klausurgebäude zum Komplex. Das Kloster geht auf eine Stiftung im 12. Jahrhundert zurück und erlebte seine Blütezeit im 12. und 13. Jahrhundert, als die Zisterzienser die bedeutendsten »Unternehmer« der Gegend waren. Neben einer großen Landwirtschaft besaßen sie auch wichtige Berg- und Hüttenbetriebe. Unter anderem zum Antrieb der Blasebälge, die für den Schmelzprozess erforderlich waren, brauchte man Wasser. Daher ließen die Mönche Speicherteiche und Kanäle anlegen und wurden so zu den Gründern der Oberharzer Wasserwirtschaft. Als das Kloster 2010 in die Liste des Weltkulturerbes aufgenommen wurde, geschah dies weniger wegen der Kirchenschätze, sondern weil die Walkenrieder Zisterzienser eine wichtige Rolle bei der Entwicklung des Bergbaus im Harz gespielt haben.

Kloster Walkenried ➡ F6
Steinweg 4 A, 37445 Walkenried
www.kloster-walkenried.de
Zum Thema Weltkulturerbe gibt es eine kostenlose Ausstellung auf dem Gelände. Kostenpflichtig ist die Klosterausstellung, die ausführlich über das Leben und Wirken der Zisterzienser informiert, wobei sie auch zeigt, dass die Mönche clevere und durchaus gewinnorientierte Geschäftsleute waren. Wege der Farbe der Kutten spricht man in diesem Zusammenhang auch vom »weißen Konzern«. ■

Die gotische Klosteranlage Walkenried beheimatet heute das ZisterzienserMuseum

Darstellung eines mittelalterlichen Reichstags im Kaisersaal der Pfalz Goslar (Holzschnitt nach einer Zeichnung von Hermann Knackfuß, 1880 veröffentlicht)

Daten zur Geschichte der Region

40 000 v. Chr. Der Homo sapiens kommt nach Europa und wird auch im Harz sesshaft.

800 v. Chr. Beginn der Eisengewinnung in der Region.

Ab 400 n. Chr. Die Thüringer treten in das Licht der schriftlichen Überlieferung; der Harz gehört zum Thüringer Reich.

531 In einer Schlacht bei Burgscheidungen/Unstrut besiegen die Sachsen die Thüringer und siedeln von nun an im Harz.

772–804 Karl der Große erobert Gebiete im Ostharz, den Eroberern folgen Mönche, die Klöster gründen, in deren Nähe entstehen erste Siedlungen.

814 Der Name »Harzgau« wird – in der hochdeutschen Form Hartingowe – erstmals in einer Urkunde Kaisers Ludwig des Frommen erwähnt.

10. Jh. Das Harzer Eisenerz wird ein begehrter Rohstoff für Waffenschmiede.

919–1024 Unter der Herrschaft der Ottonen erlangt der Harz eine zentrale Bedeutung im deutschen Kaiserreich.

Um 922 Goslar und Quedlinburg werden das erste Mal urkundlich erwähnt.

Ab 936 Quedlinburg wird zur Königspfalz, in der die ottonischen Herrscher das Osterfest feiern.

Ab 968 Man entdeckt bedeutende Silbervorkommen am Rammelsberg bei Goslar, für deren Abtransport werden erste Straßen gebaut.

996 Das Stift Quedlinburg wird von König Otto I. gegründet und von seiner Mutter Königin Mathilde geleitet.

11. Jh. Köhler und Bergleute kommen in den bis dahin unbewohnten Oberharz. Die dort entstehenden Siedlungen tragen Ortsnamen, die auf -rode bzw. -roda (Rodung) und -schwende (Brandrodung) enden.

1009 In Goslar beginnt die ersten Reichssynode unter Heinrich II. Goslar wird allmählich zur wichtigsten Pfalz innerhalb des Heiligen Römischen Reiches.

Ab ca. 1040 Unter Heinrich III. entwickelt sich dessen Lieblingspfalz Goslar noch weiter zum Zentrum des Reiches.

Das Kloster Walkenried wurde im 13./14. Jahrhundert zum ersten »Großkonzern« der Region

5. Okt. 1056 Heinrich III. stirbt unerwartet mit 39 Jahren in der Königspfalz Bodfeld am Harz und wird in der Goslarer Stiftskirche St. Simon und St. Judas beigesetzt.

1075 Goslar wird zum ersten Mal als »civitas«, Stadt, bezeichnet. Chronisten nennen es das »nordische Rom«.

12.–Ende 14. Jh. Das Zisterzienserkloster Walkenried wird zum ersten »Großkonzern« der Region. Die Mönche haben nicht nur die Macht über Ackerbau und Fischzucht, sondern auch über den Silberbergbau. Sie entwickeln den Einsatz von Wasserkraft für den Antrieb von Blasebälgen.

1220–35 Auf Burg Falkenstein schreibt Eike von Repgow den Sachsenspiegel, das älteste und bedeutendste Rechtsbuch des deutschen Mittelalters. Zugleich ist der Sachsenspiegel das erste in mittelniederdeutscher Sprache verfasste Prosawerk.

1340 Goslar wird freie Reichsstadt.

1340–1525 Fehden unter den Harzgrafen behindern die Entwicklung der Region.

Das mittelalterliche Rathaus von Halberstadt, hier auf einer Gravur von François Stroobant, wurde im 15. Jahrhundert erbaut und im April 1945 zerstört

Ab 1400 Der riesige Holzbedarf für Stollenbau und Holzkohle für die Hütten führt zum Raubbau. Holzmangel und Pest bringen den Bergbau zum Erliegen. Die Region wird weitgehend entvölkert. Eine organisierte Wiederbesiedlung der Bergbauorte im Oberharz erfolgt erst Anfang/Mitte des 16. Jahrhunderts.

10. Nov. 1483 Martin Luther wird in Eisleben als erster Sohn des Hüttenmeisters Hans Luder und seiner Frau Margarethe Lindemann geboren.

16. bis 19. Jh. Um die Wasserräder in den Harzer Bergwerken betreiben zu können, entwickelt man im Laufe von Jahrhunderten ein ausgeklügeltes Wasserwirtschaftssystem. Noch heute sind 107 Teiche, 310 Kilometer Gräben, 31 Kilometer unterirdische Wasserläufe und 92 Kilometer Wasserlösungsstollen erhalten.

1517 Beginn der Reformation.

1521 Mit der »Bergfreiheit« erlaubt St. Andreasberg jedem nach Schätzen zu suchen. Der Bergbau beginnt von Neuem.

1525 In der Schlacht bei Frankenhausen erleidet das von Thomas Müntzer geführte Bauernheer eine vernichtende Niederlage. Müntzer wird gefoltert und hingerichtet.

1560 Erstbesteigung des Brockens.

1618–48 Im Dreißigjährigen Krieg verwüsten schwedische Truppen große Teile des Harzes. Viele Menschen verlassen die Region.

Ab 1700 Erste Bemühungen zum Schutz des Waldes am Brocken.

1705 Der letzte Harzer Bär wird erlegt; 1798 wird der letzte Wolf im Harz erschossen.

1736 Das Wolkenhäuschen, das erste Haus auf dem Brockengipfel, wird erbaut.

1775 Gründung der Clausthaler Bergakademie als wissenschaftliche Ausbildungsstätte.

Um 1800 Weite Teile des Harzes sind entwaldet. Zur Wiederaufforstung pflanzt man schnell wachsende Fichten, die die Landschaft bis heute prägen.

Ende 18. Jh.– Mitte 19. Jh. Für die deutschen Romantiker wird der Harz zu einer Art Sehnsuchtslandschaft. Johann Wolfgang von Goethe findet hier die Inspiration für seinen »Faust«, Heinrich Heine verfasst 1824 nach einer Fußwanderung durch das Gebiet »Die Harzreise«. Der britische Schriftsteller Samuel Taylor Coleridge adelt den Brocken als »Montblanc des Nordens«. Auf den Spuren der großen Dichter kommen die ersten Touristen in den Harz.

19. Jh. Neue Technologien im Bergbau machen den Harz zu einem wichtigen Industriestandort.

Ab 1860 Eine bedeutende Rolle bei der wirtschaftlichen Entwicklung spielt die Anbindung an das Eisenbahnnetz. Ab 1862 ist Thale via Halberstadt und Quedlinburg mit dem Zug erreichbar; 1885 wird die Verbindung Aschersleben–Ballenstedt–Quedlinburg eröffnet und ab 1886 hat auch Nordhausen einen Bahnanschluss.

1899 Die Inbetriebnahme der Brockenbahn bedeutet eine Initialzündung für einen ersten »Massentourismus«.

1920er Jahre Der Harz ist ein fester Punkt im Liniennetz der Deutschen Lufthansa. Auf dem »Harz-Ring« fliegt sie täglich von Hannover nach Goslar, Wernigerode und Quedlinburg.

Heinrich Heine

Heinrich Heine (Zeichnung von Tony Johannot, 1837) hat seine Wanderung durch den Harz im Herbst 1824 in der »Harzreise« festgehalten

Die Brockenbahn wurde 1899 in Betrieb genommen

1933–1945	Die Nationalsozialisten ernennen Goslar 1945 zur »Reichsbauernstadt« und führen dort pompöse Reichsbauerntage durch.
1936	Auf dem Brocken wird der erste Fernsehturm der Welt in Betrieb genommen.
Ab 1940	Unter den Nationalsozialisten wird der Harz zu einem wichtigen Standort der Rüstungsindustrie, in der vor allem Zwangsarbeiter bzw. KZ-Insassen arbeiten müssen. Zum Schutz vor Fliegerangriffen der Alliierten werden viele Betriebe in alte Bergbaustollen verlegt. Besonders das KZ Mittelbau-Dora bei Nordhausen ist bekannt und berüchtigt.
April 1945	Die Nazis erklären den Harz zur »Festung«, die in den letzten Kriegstagen zum Zufluchtspunkt für viele führende Parteimitglieder und Dienststellen der Reichsministerien wird. Am Harzrand leisten die letzten Truppen der Wehrmacht und des Volkssturms besonders erbitterten Widerstand. Die Innenstädte von Nordhausen und Halberstadt werden fast vollständig zerstört.
19. April 1945	Amerikanische Truppen nehmen Quedlinburg kampflos ein, die Zerstörung der historisch wertvollen Altstadt wird dadurch verhindert.

Die Fachwerkarchitektur in Goslar ist berauschend, seit 1992 ist die Altstadt Weltkulturerbe und …

Dem Wald im Harz geht es aktuell vielerorts nicht gut

1945 Die Westalliierten besetzen den Harz, übergeben den Ostharz nach Kriegsende aber an die Rote Armee.

1949–1990 Durch den Harz verläuft die innerdeutsche Grenze, ab 1961 wird das Brockenplateau zum militärischen Sperrgebiet auf DDR-Territorium. Auf dem Gipfel wird eine Abhöranlage errichtet, die weit in das westdeutsche Gebiet hineinhorchen kann.

1990 Der Brocken wird zum Nationalpark.

1992 Die Altstadt von Goslar, das Bergbaumuseum und der Rammelsberg werden in das Weltkulturerbe der UNESCO aufgenommen.

1994 Mit seinen mehr als 2000 Fachwerkhäusern aus acht Jahrhunderten gelangt Quedlinburg auf die UNESCO-Liste des Weltkulturerbes; die Stadt ist eines der größten Flächendenkmale Deutschlands.

2006 Der Harzer Grenzweg wird eröffnet.

2007 Das letzte Bergwerk im Harz, die Grube »Wolkenhügel« bei Bad Lauterberg, stellt den Betrieb wegen Unwirtschaftlichkeit ein.

2010 Die Oberharzer Wasserwirtschaft, ein weltweit einmaliges Wasserleitsystem, wird in die UNESCO-Liste des Natur- und Kulturerbes aufgenommen.

2020/2021 Wie der Rest Deutschlands ist auch der Harz von der Corona-Krise stark betroffen, besonders im Tourismusbereich sind große Einbußen zu verzeichnen.

2024 Nach dem Ende der Bauarbeiten können die Hexen in der Walpurgisnacht endlich wieder vom Hexentanzplatz gen Brocken fliegen. ■

... Quedlinburg folgt nur zwei Jahre später

Der Harz in Zahlen und Fakten

Bevölkerung: In der Harzregion leben rund 700 000 Menschen, die Orte in der ehemaligen DDR leiden seit der Wende unter starker Abwanderung.
Lage: Der Harz erstreckt sich auf ca. 100 km Länge von Seesen im Westen bis Eisleben im Osten bei einer Breite von 30 bis 40 km und bedeckt eine Fläche von ca. 2226 km^2.
Geografie: Das Mittelgebirge entstand wahrscheinlich vor 350–250 Mio. Jahren. Im Norden steigen die Berge aus der Norddeutschen Tiefebene relativ steil auf, während der Übergang in die Mittelgebirgslandschaft im Süden eher sanft ist.
Höchste Berge: Brocken (1141 m), Heinrichshöhe (1044 m), Kleiner Brocken (1015 m), Wurmberg (971 m), Bruchberg (927 m).
Wichtige Städte: Goslar (50 000 Einw.), Nordhausen (40 600 Einw.), Halberstadt (38 700 Einw.), Wernigerode (32 000 Einw.), Quedlinburg (23 300 Einw.), Eisleben (22 400 Einw.), Osterode am Harz (21 300 Einw.), Bad Harzburg (21 800 Einw.).
Politische Gliederung: Der größte Teil des Harzes liegt in Sachsen-Anhalt (Landkreise Harz und Mansfeld-Südharz), der Westteil in Niedersachsen (Landkreise Goslar und Göttingen). Nur ein kleiner Teil im Süden gehört zu Thüringen (Landkreis Nordhausen).
Wirtschaft: Der Bergbau spielt keine Rolle mehr, inzwischen ist der Tourismus zum wichtigsten Arbeitgeber der gesamten Region geworden. Von gewisser Bedeutung ist auch noch die Holzwirtschaft, auch wenn im Nationalpark ein Wandel vom Wirtschaftswald zum Urwald eingeleitet worden ist.
Tourismus: Durch viele Millionen Fördergelder konnten zahlreiche Orte in den neuen Bundesländern saniert werden und zählen heute zu den attraktivsten im Harz. Vielerorts wird außerdem versucht das Image der altehrwürdigen Kurorte dem Wunsch der heutigen Gäste nach Aktivurlaub anzupassen. UNESCO-Welterbestätten wie die Besucherbergwerke und der Nationalpark Harz sind ebenfalls wichtige touristische Ziele.

Besucher erwartet im Harz ein breites Hotelangebot, im Bild das Hotel Kaiserworth Goslar

Bei der Reise in den Harz lohnt In Braunschweig ein Zwischenstopp

Anreise

Mit dem Auto

Die A 36 geht durch das nördliche Harzvorland und erschließt Bad Harzburg, Wernigerode und Quedlinburg. Am südlichen Harzrand entlang führt die A 38, in der Nähe liegen Nordhausen, Sangerhausen und die Lutherstadt Eisleben. In der Nähe des östlichen Harzrandes verläuft die A 14, im Westen ist es die autobahnähnliche B 243. Die gut ausgebaute B 4 durchquert den Harz in Nord-Süd-Richtung von Bad Harzburg über Torfhaus bis Nordhausen.

Mit dem Flugzeug

Die nächstgelegenen Flughäfen sind Hannover-Langenhagen, Erfurt-Weimar und Leipzig-Halle, die je nach Region, die man besuchen möchte, 50 bis 150 Kilometer entfernt sind.

Mit dem Zug

Mit dem ICE gelangt man nach Braunschweig, Göttingen und Hildesheim. Meist im Zwei-Stunden-Takt sind mehrere Orte am Harzrand zu erreichen. Im Norden sind dies die Bahnhöfe Wernigerode, Bad Harzburg und Goslar. Im südlichen Harz sind es Bad Lauterberg, Herzberg und Walkenried.

Mit den Harzer Schmalspurbahnen
Die Harzer Schmalspurbahnen erschließen mit drei Strecken und mehr als 40 Bahnhöfen große Teile der Harzregion.
Brockenbahn: Drei Annen Hohne–Schierke–Brocken
Harzquerbahn: Wernigerode–Steinerne Renne–Drei Annen Hohe–Elend–Sorge–Benneckenstein–Sophienhof–Eisfelder Talmühle–Ilfeld–Niedersachswerfen–Nordhausen
Selketalbahn: Quedlinburg–Bad Suderode–Gernrode–Osterteich–Sternhaus Haferfeld–Sternhaus Ramberg–Mägdesprung–Drahtzug–Alexisbad (Abzweig nach Harzgerode)–Silberhütte–Straßberg–Güntersberge–Friedrichshöhe–Albrechtshaus–Stiege (Abzweig nach Hasselfelde)–Birkenmoor–Eisfelder Talmühle

Harzer Schmalspurbahnen (HSB)
Friedrichstraße 151, Wernigerode
✆ (039 43) 55 80, www.hsb-wr.de

Mit dem Bus
Auch mit Fernbussen ist eine Anreise in den Harz möglich. Auskunft erteilt das Portal www.busliniensuche.de.

Auskunft

Harzer Tourismusverband e.V. ➡ B4
Marktstr. 45, 38640 Goslar
✆ (053 21) 340 40
www.harzinfo.de
Der Tourismusverband bietet auch eine umfangreiche App für iPhone und Android mit Ausflugs-, Unterkunfts- und Tourtipps.

Regionalverband Harz ➡ D9
Hohe Str. 6, 06484 Quedlinburg
✆ (039 46) 964 10, www.harzregion.de

Tourist Information Oberharz ➡ D4
Hüttenstr. 9, 38707 Altenau
✆ (053 28) 80 20, www.oberharz.de

Die Dampflokomotive der Brockenbahn tankt Wasser

Die Tourist Information ist zuständig für die Orte Altenau, Buntenbock, Clausthal-Zellerfeld, Sankt Andreasberg, Schulenberg, Torfhaus und Wildemann.

Einkaufen

Rund 60 regionale Produzenten haben sich für die Vermarktung ihrer Produkte zur **Marke »Typisch Harz«** (www.harzinfo.de/erlebnisse/regionalmarke-typisch-harz) zusammengeschlossen. Dabei wird auf eine ökologische und ökonomische Produktion geachtet. Unter der Marke findet man so verschiedene Produkte wie Keramik, Obst und Gemüse, Backwaren, Kuchen und Torten, Mineralwasser, Honig, Hochprozentiges, Wurst und Fleisch, Biere und Senf. Auf dem Oberharzer Bergbauernmarkt in Clausthal-Zellerfeld (Bornhardtstraße und Kunsthandwerkerhof) bieten von Mai bis Oktober immer donnerstags ab 17 Uhr viele Typisch-Harz-Erzeuger ihre Produkte an.

Außerdem lohnt vor allem in den Altstädten der touristischen Hotspots ein Blick in Galerien, Werkstätten und Boutiquen.

Der Harz kann süß und deftig: Harzer Baumkuchen und Harzer Käse sind zwei beliebte Spezialitäten

Ermäßigungen

Die **HarzCard** bietet freien Eintritt in mehr als 100 Einrichtungen in der gesamten Region. Das Angebot reicht von Museen über Bergwerke, Tropfsteinhöhlen und Schwimmbäder bis zu Seilbahnen. Für die Fahrt mit der Brockenbahn bekommt man eine Ermäßigung. Die 48-Stunden-HarzCard (€ 32/22) wird bei der ersten Nutzung aktiviert und gilt dann für die nächsten 48 Stunden. Die Vier-Tages-HarzCard (€ 65/45) gilt an vier frei wählbaren Tagen innerhalb eines Kalenderjahrs. Die HarzCard ist in allen Tourist Informationen erhältlich.

Die **Harz-Gastkarte** erhält man in Hotels und Tourist Informationen kostenlos für die Dauer des Aufenthalts. Rund 50 Harzorte nehmen teil. Bei Vorlage der Harz-Gastkarte sind hier vielfältige Angebote zur Freizeitgestaltung entweder kostenlos (markiert mit einer grünen Hexe) oder ermäßigt (markiert mit einer roten Hexe). Ausführliche Beschreibung der teilnehmenden Orte und Leistungen unter: www.harzinfo.de/planen-uebernachten/gaestekarten.

Essen und Trinken

Die wahrscheinlich bekannteste kulinarische Köstlichkeit ist der **Harzer Käse**, auch Harzer Roller genannt, weil er früher von Hand gerollt wurde. Der fettarme Sauermilchkäse hat jung einen weißen Kern, der mit der Reifung verschwindet, während sich das Aroma verstärkt. Mittlerweile wird der Harzer aber nicht mehr im Harz sondern in Sachsen hergestellt.

Seit einiger Zeit sieht man auf den Weiden vermehrt das **Harzer Rote Höhenvieh**, eine alte Rinderrasse, die besonders hochwertiges Fleisch liefert. Kräftige Wurst- und Fleischspezialitäten finden sich häufig in der typischen Harzer Küche. Die Harzer Schmorwurst schmeckt am besten mit Kartoffelpüree und Sauerkraut. **Harzer Knüste** sind gebratene Kartoffelscheiben, die mit einer Fleischbeilage gereicht werden. Vegetarisches ist noch relativ wenig auf den Speisekarten zu finden, dafür umso mehr Gerichte mit Forelle, Hirsch, Reh oder Lamm. Dabei darf der Koch sich auch gern mal kreative Namen ausdenken, wie »Wilder Stinker«, hinter dem sich eine nicht ganz gewöhnliche Currywurst verbirgt. Wer es eher süß mag, der sollte unbedingt den **Harzer Baumkuchen** probieren, auch **Schmand- oder Flottkuchen** ist empfehlenswert.

Bei Hochprozentigem denkt man bestimmt an den Korn aus der Traditionsbrennerei **Nordhausen**, die durch das Huhn Henriette weit über die Grenzen des Harzes

Das Rote Höhenvieh kommt mit den Kräuterwiesen und dem rauen Oberharzer Klima hervorragend zurecht

hinaus bekannt geworden ist. **Schierker Feuerstein** ist ein 35-prozentiger Kräuterlikör. Den Namen verdankt er seiner Farbe, die an die rötlichen Feuersteinklippen in Schierke erinnert. Auch in der Klosterbrennerei Wöltingerode und in der Harzer Likörmanufaktur in Gernrode wird Hochprozentiges destilliert. **Bier** wird vielerorts gebraut, so in Altenau, Goslar oder Quedlinburg, und dann ist da natürlich noch das Hasseröder Bier aus Wernigerode. Ganz ohne Alkohol sind Bad Harzburger Mineralbrunnen, Blankenburger Wiesenquell und die Produkte aus der Harzer Wassermanufaktur.

Die bei den empfohlenen Restaurants angegebenen **Preiskategorien** beziehen sich jeweils auf ein Hauptgericht:

€	bis 15 Euro
€€	15 bis 25 Euro
€€€	über 25 Euro

Feste, Veranstaltungen

Februar

Der **Harzer KulturWinter** Anfang Februar bietet Konzerte, Lesungen, Theaterstücke und besondere Führungen an teils ungewöhnlichen Orten (www.harzinfo.de).

Hexen von heute können am Hexentanzplatz in Thale auch in Zimmern übernachten

Die Tradition der Osterfeuer wird im Harz gepflegt

April

Am Karsamstag und Ostersonntag werden vielerorts **Osterfeuer** angezündet, wobei die Meiler oft kunstvoll aufgeschichtet sind und eine beachtliche Größe erreichen (www.harzinfo.de).

In der Nacht zum 1. Mai tanzen die Hexen an mehreren Dutzend Orten im Harz um lodernde Feuer. Zum Massenevent wird die **Walpurgisnacht** vor allem in Braunlage, Goslar, Schierke und am Hexentanzplatz in Thale (www.harzinfo.de).

Vor dem Feiern wird aufgeräumt am Hexentanzplatz in Thale

Mai
Beim **Kaiserfrühling** in Quedlinburg wird zu Pfingsten das Mittelalter lebendig, wenn sich alles um den Reichstag unter Otto dem Großen im Jahr 973 dreht (www.kaiserfrühling-quedlinburg.de).

Juni
Der **Harzer Klostersommer** findet zwischen Juni und September in sechs am Harzrand gelegenen Klöstern statt. Mit vielfältigen Veranstaltungen nehmen teil: Kloster Brunshausen, Kloster Burchardi, Kloster Drübeck, Kloster Michaelstein, Kloster Walkenried, Kloster Wöltingerode (www.harzinfo.de).

Juli
Bei **Ton am Dom** präsentieren mehr als 50 Töpfermeister ihre Kunst zwischen romanischer Liebfrauenkirche und gotischem Dom in Halberstadt. Außerdem Konzerte in der Kathedrale und spezielle Führungen in den Museen der Stadt (www.ton-am-dom.de).

In der zweiten Julihälfte treffen sich seit fast 140 Jahren Pferdefreunde auf der Galopprennbahn von Bad Harzburg zur **Galopprennwoche** mit Flach- und Hindernisrennen (www.harzburger-rennverein.de).

Die **Wernigeröder Schlossfestspiele** finden von Ende Juli bis in den August hinein im historischen Schlosshof statt; sehr beliebt sind die Open-Air-Opernnächte (www.schloss-wernigerode.de).

Stimmungsvoll: Festlich erleuchtetes Quedlinburg und …

August
Die Köhlerei Stemberghaus in Hasselfelde feiert am ersten Augustwochenende das **Köhlerfest** mit Bier, »flüssiger Holzkohle«, einem hochprozentigen Kräuterlikör, und deftigem Essen (www.harzkoehlerei.de).

Anfang August findet das dreitägige Open-Air-Musikfestival **Rocken am Brocken** in der Stadt Oberharz auf der Wiese Gieseckenbleek statt (brocken.rocks).

Mehr als 150 Künstler präsentieren beim **Kunsthandwerkermarkt** Anfang August vor der Kulisse der Goslarer Altstadt ihre Produkte. Zudem gibt es ein Rahmenprogramm mit Kleinkunst (www.goslar.de).

Ab Mitte August bis in den September hinein treffen sich internationale Solisten, Ensembles und Orchester zum **Internationalen Musikfest** in Goslar (www.musikfest-goslar.de).

September
Am ersten Wochenende im September feiert Seesen das **Sehusa-Fest**, das größte Historienspektakel Norddeutschlands (www.sehusafest.de).

Oktober
Beim mittelalterlichen **Burgfest auf Burg Falkenstein** Anfang Oktober zeigt Graf Hoyer zu Falkenstein den staunenden Besuchern das Leben auf einer mittelalterlichen Burg (www.burg-falkenstein.de).

Seit 1975 verleiht die Stadt Goslar den **Kaiserring**, der auch als Nobelpreis der bildenden Kunst gilt, an herausragende zeitgenössische Künstler (www.moenchehaus.de/kaiserring).

Dezember
In der Adventszeit gibt es vielerorts im Harz **Weihnachtsmärkte**, zu den schönsten gehören die auf den Marktplätzen von Goslar, Wernigerode und Quedlinburg (www.harzinfo.de).

… der Weihnachtsmarkt in Wernigerode

In der Silvesternacht leuchtet der Himmel über dem Harz

Während der Feiertage bis ins neue Jahr wird das **Wernigeröder Schloss** zum Wintermärchen (www.schloss-wernigerode.de).

Am ersten, zweiten und dritten Adventswochenende feiert Quedlinburg **Advent in den Höfen** (adventsstadt.quedlinburg-info.de).

Ganzjährig
Im Goethesaal der Baumannshöhle finden das ganze Jahr über Theater- und Musikaufführungen im Rahmen der **Harzer Höhlenfestspiele** statt (www.harzer-hoehlen.de).

Hinweise für Menschen mit Handicap

Seit 2015 gibt es das bundesweit einheitliche Zertifizierungsverfahren »Reisen für Alle«, das verlässliche und detaillierte Informationen über die Barrierefreiheit liefert. Dienstleistungsbetriebe können sich auf freiwilliger Basis einer Überprüfung unterziehen und die Ergebnisse werden über eine Datenbank online gestellt.

Unter diesem Link sind zertifizierte Partner im Harz zu finden: www.harzinfo.de/planen-uebernachten/barrierefrei-im-harz/zertifizierte-partner.

Auf dieser Website sind alle Angebote der Region zusammengefasst, die auf einer Selbsteinschätzung beruhen: www.harzinfo.de/planen-uebernachten/barrierefrei-im-harz/selbsteinschaetzung.

Diese Website gibt einen Überblick über barrierearme und barrierefreie Angebote im Nationalpark Harz: www.nationalpark-harz.de/de/natur-erleben/barrierefreies-erleben.

Internet

Infos zum Harz im Netz:
www.harzinfo.de
www.harzregion.de
www.reiseland-niedersachsen.de
sachsen-anhalt-tourismus.de
www.thueringen-entdecken.de

Klima, Reisezeit

Die beliebtesten Reisemonate sind Juni, Juli und August. Wanderer kommen aber auch gern im Mai wegen des frischen Grüns und im September und Oktober wegen der Herbstfarben. Wintersportler haben die besten Chancen auf genügend Schnee von Anfang Januar bis Anfang März. Neben den Sommerferien ist auch über den Jahreswechsel, zu Ostern, Walpurgis und Pfingsten Hauptreisezeit und eine Buchung im Voraus empfehlenswert.

Der Harz ist als nördlichstes Mittelgebirge bekannt für sein raues Klima. Die vorherrschenden Westwinde sind klimabeherrschend. Der Oberharz ist kühl und feucht, die Jahresniederschlagsmenge liegt zwischen 1000 und 1400 mm, in den Gipfellagen können sogar bis zu 1800 mm Regen oder Schnee fallen.

Winter in Quedlinburg

Im frühen Sommer blüht der Mohn, im Bild ein Mohnfeld bei Blankenburg

Auch im August regnet es mal – ein Ausflug zur Teufelsmauer lohnt trotzdem, wobei Regenschirm oder wetterfeste Kleidung hilfreich sind

Im Unterharz (Ostharz) ist es wärmer und trockener, die feuchten Wolken regnen sich am Brocken ab, sodass es in dessen Regenschatten in Richtung Osten nur noch rund 650 mm Jahresniederschlag gibt.

Mit Kindern im Harz

Für Familien mit Kindern jeden Alters bieten sich viele Möglichkeiten für einen abwechslungsreichen Urlaub. Spaß- und Erlebnisbäder: Vitamar in Bad Lauterberg (vgl. Seite 94), Salztal-Paradies in Bad Sachsa (vgl. Seite 97), Sehusa Wasserwelt in Seesen (vgl. Seite 84) und Brockenbad in Wernigerode (vgl. Seite 132). Das HöhlenErlebnisZentrum in Bad Grund (vgl. Seite 49, Seite 50) und die Tropfsteinhöhlen in Rübeland (vgl. Seite 117) sind für größere Kinder ein Erlebnis, ebenso die Wildweststadt Pullman City in Hasselfelde (vgl. Seite 116).

Im Miniaturenpark in Wernigerode sind die wichtigsten Sehenswürdigkeiten des Harzes auf Kindergröße geschrumpft, außerdem bietet die Modelleisenbahn ebenso Action wie die Spielplätze im angrenzenden Bürgerpark. Tierliebhaber besuchen die Vogelstation in Osterode (vgl. Seite 77) und den Harzfalkenhof in Bad Sachsa (vgl. Seite 96). Der Baumwipfelpfad in Bad Harzburg (vgl. Seite 89) und die ganzjährig geöffneten Bob- und Rodelbahnen wie in Schierke (vgl.

Seite 104), Sankt Andreasberg (vgl. Seite 125) und Thale (vgl. Seite 179) sorgen für Abwechslung. Auch die Fahrten mit der Grubenbahn wie in Rammelsberg (vgl. Seite 66) begeistern. Wenn man im Hasseröder Ferienpark in Wernigerode (vgl. Seite 132) übernachtet, sind viele kindgerechte Aktivitäten eingeschlossen. Solche gibt es auch auf der Spaßinsel in Thale (vgl. Seite 179).

Nachtleben

In größeren Städten wie Goslar, Wernigerode oder Quedlinburg findet man einige Bars, ansonsten ist ein Nachtleben im Harz kaum vorhanden.

Nationalpark Harz

Die beiden Nationalparks Harz in Niedersachsen und Hochharz in Sachsen-Anhalt wurden 2006 länderübergreifend zum Nationalpark Harz zusammengefasst. Dieser umfasst eine Fläche von 247 Quadratkilometern, was ungefähr zehn Prozent der Gesamtfläche des Harzes entspricht. Die Randbereiche liegen ungefähr 200 Meter über dem Meeresspiegel, den höchsten Punkt bildet der Brocken mit 1141 Metern. Etwa 97 Prozent der Nationalparkfläche sind von Wäldern

Winter im Nationalpark Harz

bedeckt, die vorwiegend aus Fichten bestehen, an den Rändern im Norden und Süden kommen auch Buchen- und Mischwälder vor. Neben den ausgedehnten Wäldern sind Moore, Granitklippen, Täler und Bäche landschaftsprägend.

Seit einigen Jahren verändert sich die Landschaft in den Hochlagen und vor allem rund um den Brocken. An den Berghängen sieht man auf großen Flächen abgestorbene Fichten stehen, an Wegen und Straßen und entlang von Bahnstrecken wurden die toten Bäume aus Sicherheitsgründen gefällt. Insgesamt bietet der Wald ein trauriges Bild und der erste Begriff, der einem dabei einfällt, ist »Waldsterben«. Das stimmt durchaus, ist aber gewollt, denn das internationale Nationalpark-Motto lautet »Natur Natur sein lassen«. Jahrhundertelang hat man im Harz schnell wachsende Fichten angepflanzt, für den Bergbau und zur Wiederaufforstung nach dem Zweiten Weltkrieg – dies auch in Lagen, in denen Fichten nicht heimisch sind. Extremes Wetter, Sturm und Dürre haben die Fichten in den letzten Jahren geschwächt und anfällig für Schädlinge wie den Borkenkäfer gemacht. Nun will man der Natur ihren Lauf lassen, damit in den Hochlagen des Harzes

Herbstliche Farbenpracht im Nationalpark Harz

Traurig sieht es in einigen Waldgebieten im Harz aus

überwiegend klimastabile Buchen- und Laubmischwälder wachsen können. Das kann jedoch noch Jahre oder sogar Jahrzehnte dauern.

Nationalparkverwaltung Harz ➡ C7
Lindenallee 35, 38855 Wernigerode
✆ (039 43) 550 20, www.nationalpark-harz.de
Besucherzentren gibt es auf dem Brocken, in Torfhaus, Sankt Andreasberg, Drei Annen Hohne, Schierke, Ilsenburg und Bad Harzburg.

Notfälle, wichtige Rufnummern

Unter der gebührenfreien **Notrufnummer ✆ 112** erreicht man Feuerwehr, Polizei oder Notarzt.
Bergwacht Harz, Bereitschaft Wernigerode ✆ (039 43) 55 34 60, www.drkwernigerode.de
ADAC-Pannendienst ✆ (089) 20 20 40 00

Presse

Die Braunschweiger Zeitung (www.braunschweiger-zeitung.de) versorgt ihre Leser in einem Regionalteil auch mit Nachrichten aus dem Westharz. Näher dran ist die Goslarsche Zeitung (www.goslarsche.de). Wer wissen will, was in Osterode, Herzberg, Bad Lauterberg, Bad Sachsa und Bad Grund passiert, greift zum Harzkurier (www.harzkurier.de), und für Nachrichten über Nordhausen und Umgebung ist die Neue Nord-

Mit dem Rad kommt man auf den Brocken …

häuser Zeitung (www.nnz-online.de) zuständig. Den Thüringer Teil des Harzes und das Harzvorland deckt journalistisch auch der Platzhirsch Thüringer Allgemeine (www.thueringer-allgemeine.de) ab.

Sport und Erholung

Radfahren

Für Mountainbiker bieten sich vielfältige Routen an, insgesamt gibt es 2200 Kilometer ausgewiesene Wege. Actionreicher geht es in den Bikeparks des Harzes zu. Auf verschiedenen Strecken in unterschiedlichen Schwierigkeitsgraden können Biker, nachdem sie mit der Seilbahn oder dem Sessellift auf den Berg gebracht wurden, bei der Abfahrt ihre Grenzen austesten. Bikeparks gibt es in Braunlage, Hahnenklee, Sankt Andreasberg und Schulenberg. Wer mit dem Rennrad Touren machen möchte, kann sich beim Harzer Tourismusverband den Rennrad Guide besorgen. Auch das Rennrad-Portal ist hilfreich (www.harzinfo.de/erlebnisse/mountainbike-rad/rennrad).

Wandern

Für Wanderer ist der Harz eine ideale Ferienregion. Er bietet Wanderwege in allen Schwierigkeitsstufen und Längen, Spazierwege zum Schlendern und Steige für Könner, Rundtouren und Langstreckenwege. Ein beschildertes Wanderwegenetz von über 8000 Kilometern sorgt dafür, dass auch Langzeiturlauber oder treue Wiederkehrer immer Neues entdecken. Dazu kommen unzählige Forstwege, die sich ebenfalls für Ausflüge anbieten.

Allein hinauf zum **Brocken** führen sechs – mehr oder weniger anstrengende – Wege. Der kürzeste beginnt in Schierke und führt in fünfeinhalb Kilometern bzw. gut zwei Stunden auf den Gipfel. Der längste misst 24 Kilometer und beginnt in der Nähe von Braunlage. Damit der Name Teufelsstieg nicht zum Omen wird, sollten ihn sich nur gut trainierte Wanderer vornehmen.

Mehrere **Langstreckenwanderwege** durchziehen den Harz. Der Harzer-Hexen-Stieg führt in fünf Tagesetappen von Osterode bis nach Thale. Der Baudenstieg ist das Richtige für die Genießer unter den Langstreckenwanderern. Auf den 100 Kilometern von Bad Grund bis zum Kloster Walkenried kommt man zwar auch ins Schwitzen, der Weg ist aber so angelegt, dass er regelmäßig einen Bergasthof, eine Baude, passiert. Auf dem Grenzweg kann man die Zeit der deutsch-deutschen Trennung wandernd nachempfinden und der 200 Kilometer lange Karstwanderweg (www.karstwanderweg.de) führt von Sangerhausen bis Osterode durch ein geologisch extrem spannendes Gebiet. Generell kann man auch im Südharz ausgezeichnet wandern. Da geht es zwar nicht so hoch hinauf, dafür ist man auf den Wegen oft allein unterwegs (www.naturpark-suedharz.de). Der Südharzer Dampflok-Steig führt in 42 Kilometern von Nordhausen in das Bergdorf Sophienhof. Der Vorteil hier: Wer seine Tour richtig plant, fährt einfach mit der Dampflok zurück – oder weiter zum Ziel.

Für viele ist die **Harzer Wandernadel** ein kleiner zusätzlicher Ansporn, auf Tour zu gehen (www.harzer-wandernadel.de). An insgesamt 222 Stempelstellen, die im gesamten Harz verteilt am Rande der Wege liegen, kann man sein Wanderbüchlein abstempeln. Wer das dann voll hat, darf sich mit Fug und Recht Wanderkaiser nennen und sich mit einer Urkunde und einer ganz besonderen Nadel schmücken. Um das zu schaffen, sind allerdings mindesten 50 Tagestouren nötig – da ist es gut, dass man sich auf seinem Weg auf den Kaiserthron auch ein paar Jahre Zeit lassen kann. Wer »nur« die Hälfte aller Stempelstellen abläuft, der ist ein »Harzer Steiger« und für 8, 16 oder 24 Stempel wird man immerhin mit dem bronzenen, silbernen oder goldenen Wanderabzeichen ausgezeichnet. Sehr charmant ist die Idee, dass Kinder bis 11 Jahre es mit elf Stempelabdrücken im Wanderpass zur Wanderprin-

... und zu Fuß auch auf den verschiedensten Wegen

Wandern auf den Spuren Barbarossas

Kyffhäuser Weg

Kyffhäuser, Thüringen

Der 37 Kilometer lange Kyffhäuser Weg bringt einen in drei Tagen entspannt zu den Highlights der Region. Die meisten Wanderer beginnen die Rundtour in Bad Frankenhausen im Süden des Kyffhäusergebirges und wandern von dort zur Barbarossahöhle. Dort schläft der Sage nach König Barbarossa. Die Barbarossahöhle ist Europas einzige begehbare Anhydrithöhle und beeindruckt mit bis zu 25 Meter hohen Räumen und glasklaren, kleinen Seen. Anhydrit ist unter anderem Bestandteil von Estrich, Holzbeton und Fliesenkleber. Die Höhle wurde im Dezember 1865 entdeckt und bereits wenige Wochen später für Besucher geöffnet.

Das 81 Meter hohe Kyffhäuserdenkmal ist schon von Weitem zu sehen

Oberhalb der Barbarossahöhle lohnt die Ruine Falkenburg als Aussichtspunkt einen kleinen Stopp. Die Highlights der Wanderung sind die Reichsburg und das benachbarte Kyffhäuserdenkmal. Mit dem 1896 erbauten Denkmal wurde Kaiser Wilhelm I. geehrt. Diesem war 1871 die Reichseinigung gelungen, weshalb er sich als legitimen Nachfolger von Barbarossa betrachtete. Der Blick vom Kyffhäuserdenkmal reicht hinab zur fruchtbaren Ebene der Goldenen Aue und hinüber bis zum Harz. Dann führt der Weg hinab nach Tilleda. Dort erinnert das Freilichtmuseum Königspfalz Tilleda an die Zeit zwischen dem 8. und 11. Jahrhundert, als Tilleda eine wichtige Hofanlage der Kaiser war.

Durch die Wiesen des Obstsortengartens, dessen 1700 Bäume als Genbank für bedrohte Sorten dienen, erreichen die Wanderer das Panorama Museum bei Bad Frankenhausen. Ein riesiges Rundbild zeigt hier die entscheidende Schlacht des Bauernkriegs am 15. Mai 1525, in der Thomas Müntzer mit dem Heer der aufständischen Bauern vernichtend geschlagen wurde. In Bad Frankenhausen, dem Start- und Zielort der Wanderung, lohnt abschließend ein Blick auf den Schiefen Turm der Oberkirche, der eine deutlich größere Neigung hat als sein berühmterer Namensvetter in Pisa.

Info Kyffhäuser: Naturparkverwaltung Kyffhäuser, Barbarossastr. 39 A, 99707 Kyffhäuserland, Tel. (03 46 71) 51 40, www.naturpark-kyffhaeuser.de. **Info Freilichtmuseum Königspfalz Tilleda:** Ernst-Thälmann-Str. 4 C, 06537 Kelbra, Tel. (03 46 51) 29 23, www.pfalz-tilleda.de.

zessin bzw. zum Wanderprinzen bringen können – als deutlich sichtbares Zeichen dient ein T-Shirt mit dem entsprechenden Aufdruck.

Im **Harzinfo Shop** (www.harzinfo-shop.de) kann man nicht nur das Stempelheft für die Wandernadel kaufen, sondern auch jede Art von Kartenmaterial, das man für seine Touren durch den Harz gebrauchen kann. Auch Wandern ohne Gepäck geht im Harz. Der regionale Wanderveranstalter »Wandern im Harz« (www.wandern-im-harz.de) veranstaltet Rundum-sorglos-Touren durch die eigene Heimat inklusive Hotelbuchungen und Gepäcktransport.

Und wann wandert man am besten? Im Harz ist das ganze Jahr Wandersaison, besonders schön ist es aber im Herbst, wenn sich die Blätter färben und die Morgennebel über den Tälern und Hochebenen liegen. Im Hochharz sind manche Wege im Winter verschneit, aber selbst dann lassen sich tolle Touren machen, z. B. sind noch viele Abschnitte des Hexen-Steigs zu begehen.

Wandern im Harz macht Spaß

Wintersport

Wenn genügend Schnee liegt – das ist im Harz allerdings nicht immer der Fall – ist alpiner Skilauf vor allem in Altenau, Braunlage, Torfhaus, Hahnenklee-Bocks-

Etwas für alle Altersstufen: Langlauf

Wanderer stoßen im Harz immer wieder auf größere und kleinere Wasserfälle

wiese und Sankt Andreasberg möglich. In diesen und einigen anderen Orten findet man auch zahlreiche gespurte Loipen.

Unterkunft

Die Übernachtungspreise im Harz sind immer noch relativ günstig. Ja nach Region und Jahreszeit kann man ein gutes Doppelzimmer für deutlich unter 100 Euro buchen. Besonders im Mittelklassebereich ist die Auswahl groß, absolute Tophotels sind eher selten. Da Kururlaub im Harz eine lange Tradition hat, findet man zahlreiche und zum Teil sehr gute Wellnesshotels. Bei Ferienwohnungen ist das Niveau sehr unterschiedlich, von Luxusappartements bis zu extrem einfachen Unterkünften wird alles geboten. Um nicht enttäuscht zu werden, lohnt es sich hier bei der Buchung genauer hinzusehen. Der Harz bietet seinen Gästen zu jeder Jahreszeit passende Unterkünfte und in der Regel sind selbst in der Hochsaison kurzfristige Buchungen möglich. Allerdings sind die Angebote nicht gleichmäßig über das Gebiet verteilt: Speziell im Unterharz ist nicht in jedem Ort jede Art der Unterkunft verfügbar.

An langen Rodelbahnen wurden Schlittenlifte installiert

Verkehrsmittel

Im Landkreis Harz (www.kreis-hz.de) können Feriengäste mit dem Harzer Urlauberticket, HATIX, während ihres Urlaubs den Nahverkehr kostenfrei nutzen. Das kleine Büchlein, das als Ticket dient, bekommt man in seiner Unterkunft, nachdem man den Kur- bzw. Gästebeitrag bezahlt hat. Achtung: In den Orten im Harzvorland gilt das Ticket nicht. Den genauen Gültigkeitsbereich und weitere Infos zum Ticket findet man auf der HATIX-Seite: www.hatix.info/de.

Die drei Strecken der Harzer Schmalspurbahnen eignen sich hervorragend zur Fortbewegung im Harz (vgl. Anreise). ■

Die **fetten** Seitenzahlen verweisen auf ausführliche Erwähnungen, *kursiv* gesetzte Begriffe bzw. Seitenzahlen beziehen sich auf den Service.

Eine solche Winterstimmung ist fantastisch – und lockt viele Naturfreunde in den Harz

Bohlenwege erleichtern das Durchqueren mooriger Bereiche im Wanderparadies rund um Schierke

Andrea Fleischmann, Quedlinburg 21, 22, 24 o., 25, 196 u.
Daniel Li Photography: S. 52
DTG/Ilka Daerr: S. 109
Göttingen Marketing/Gerhardts: S. 109
HöhlenErlebnisZentrum Iberger Tropfsteinhöhle/ Lisa Bischoff: S. 48, 49
Ingo Gottlieb, Halle: S. 139
IURII BURIAK: S. 206
iStockphoto/A Tom: S. 23; Andreas Weber: S. 73; Animaflora: S. 28; anjafranzke: S. 208 u.; bbsferrari: S. 14; Borisb17: S. 11 u., 150; cschoeps: S. 201; Dieter Meyrl: S. 202; Dirker: S. 166; DR pics24: S. 126; ebenart: S. 105; eurotravel: S. 47; fokkebok: S. 185 u.; FooTToo: S. 186; geogif: S. 69, 89; GesturGislason: 120; Grafissimo: S. 184, 185 o.; hsvrs: S. 204; igmarx: S. 32; Ilari Nackel: S. 132; Jens Teichmann: S. 173; jopelka: S. 67 o.; Joppi: S. 74, 75 o.; Juergen Sack: S. 71 u., 197; kaywiegand: S. 212; LianeM: S. 175; Lunamarina: S. 15 u.; mediartist Matthias Schloenvogt: S. 164 u.; Meinzahn: S. 29; mgfoto: S. 131 o.; michael1959: S. 208 o.; Nicolette Wollentin: S. 66; Paul Hayward: S. 4 r., 60, 67 u.; picturedesigner: S. 161; Poula Hansen: S. 61; ra-photos: S. 100 o.; RelaxFoto.de: S. 1; Robert Oswald: S. 127; Roman Sadovnikov: S. 62; StreetFlash: S. 211; typo-graphics: S. 4 l.; typo-graphics: S. 42; ZU_09: S. 182
Janett Schindler: S. 2 r., 37, 38, 39, 72, 88, 103, 121 o., 140 u., 151 l., 151 r., 160, 164 o., 170, 174, 176, 177 o., 177 u., 189, 199 u., 200, 205
Kulturstiftung Sachsen-Anhalt/Bertram Kober, Punctum: S. 152, 153; Ray Behringer: S. 27
Landesamt für Denkmalpflege und Archäologie Sachsen-Anhalt/Juraj Lipták: S. 149
Nico Reischke, Quedlinburg: S. 3 Mitte, 19 o., 20, 30, 33, 199 o.
Nordbrand Nordhausen GmbH: S. 168, 169
paläon GmbH: S. 81
Panorama Museum, Bad Frankenhausen: S. 162
Rasso Knoller, Berlin: S. 167, 172
Seilbahnen Thale GmbH: S. 178, 179
Shutterstock/Andreas Rose: S. 3 l., 98, 100 u.; Anton Ivanov: S. 63; anyaivanova: S. 2 Mitte, 128 u.; ArTono: S. 70, 133, 135 o., 140 o., 144, 148; BartTa: S. 57 l., 57 Mitte, 57 r.; Bern James: S. 192 o.; Bernd Meissner: S. 80; Betty Blaires: S. 90 (alle); Bildagentur Zoonar GmbH: S. 46 o., 64, 82, 113, 136, 137, 141, 154 u., 157, 158, 159, 171; Carsten Medom Madsen: S. 55, 207 u.; Christian Jung: S. 192 u.; Copula: S. 97, 181 u.; Daniel Doerfler: S. 154 o.; DR pics: S. 115 o., 142, 180; dugdax: S. 4 Mitte, 104/105; Dynamoland: S. 191; fokke-baarssen: S. 101; footageclips: S. 24 u., 68, 196 o.; FooTToo: S. 71 o.; Foto Fabrik Hamburg: S. 195; Frank Bach: S. 93; Gargantiopa: S. 94; geogif: S. 36, 89; Gestur Gislason: S. 34, 35, 111; GTW: S. 128 o.; Harald Lueder: S. 143 o.; Heiko Kueverling: S. 19 u., 106, 131 u.; Horst Bingemer: S. 118 o.; Igor Marx: S. 194/195; imageBROKER.com: S. 15 o.; Ina Meer Sommer: S. 17, 18, 121 u., 122, 123 u., Jon Chica: S. 12, 59; Joppi: S. 2 l., 75 u., 79, 85, 102; juerginho: S. 84, 187 o., 193; jWolek: S. 198; K-I-Photography: S. 114, 203; Knaufb: S. 119; LianeM: S. 112; M. Funke: S. 135 u.; Marc Venema: S. 16, 110; Marcus Hofmann: S. 8/9; Marieke Kramer: S. 130; Markus Pfetzing: S. 116; MatGo: S. 134; Natalia Paklina: S. 187 u.; Nicolette Wollentin: S. 41; ohenze: S. 115 u.; Pecold: S. 143 u.; petratrollgrafik: S. 118 u. l., S. 118 u. r.; Pilgui: S. 5, 44; Regine Poirier: S. 181 o.; Roel van Wanrooy: S. 188; Sina Ettmer Photography: S. 65; smiley27: S. 96; Stefan Wille: S. 46 u.; Stefano Zaccaria: S. 31; Takashi Images: S. 10; travelpeter: S. 43, 125; travelview: S. 165; Ulf Nammert: S. 56, 58; Volar sin Parar: S. 86, 107; Wirestock Creators: S. 3 r., 11 o., 45, 138, 156
Stadt Osterode/MW: 76, 77, 78
Stiftung Luthergedenkstätten in Sachsen-Anhalt/ Thomas Lewandowski: S. 145, 146, 147
Stiftung Welterbe Im Harz/H. J. Hörseljau: S. 124
Touristag, Bad Grund: S. 50, 51, 54, 207 o.
Ulrich Schrader: S. 155
VG Bild-Kunst, Bonn 2023/Ray Behringer: S. 26
VG Bild-Kunst, Bonn 2023: S. 163
Wolfgang Kampa: S. 53
Wikimedia Commons/CC0 1.0: Ogmios: S. 123 o.; Stefan Bellini: S. 92; /CC BY-SA 3.0: Achim Bodewig: S. 83; Josua Belak: S. 117; /CC BY-SA 4.0: Luftfahrtmuseum Wernigerode: S. 129; Matthias Merkermann: S. 95 Matthias Sueßen: S. 183; Thomas Binder: S. 40

Titelbild: im Nationalpark Harz (Foto: iStockphoto/AVTG)
Umschlagrückseite: das Rathaus in Quedlinburg (links/s. S. 15 u.); die Brockenbahn (Mitte/s. S. 8/9); herbstliche Farbenpracht im Nationalpark Harz (rechts/s. S. 202)
Schmutztitel (S. 1): die Brockenbahn im Winter
Seite 2/3/4 (v.l.n.r.): die Ilse im Nationalpark Harz, Planwagen in Wernigerode, unterwegs hinauf zur Teufelsmauer bei Thale, Skifahren am Wurmberg, das Quedlinburger Schloss, die MS AquaMarin auf dem Okersee, Industriedenkmal Rammelsberg, Sonnenaufgang am Brocken, Lohmühle in Goslar
Seite 10/11: im ehemaligen Bergwerk Rammelsberg (S. 10), Felsformation der Teufelsmauer (S. 11 o.), Stiftskirche St. Cyriakus in Gernrode (S. 11 u.)

Mit Textbeiträgen aus **1000 Places To See Before You Die – Deutschland · Österreich · Schweiz** und **1000 Places To See Before You Die – Deutschland** von Judith Borchert, Heike Gallus, Erica Gebhart, Die Journalisten, Rasso Knoller, Holger Möhlmann, Detlef Schmalenberg und Ellen Schwarz.

Reihenkonzeption: Andreas Schulz & VISTA POINT-Team
Bildredaktion: JB Bild | Text | Satz, Berlin
Lektorat: JB Bild | Text | Satz, Berlin
Layout: Britta Wilken, JB Bild|Text|Satz
Reproduktionen: Noch & Noch, Datteln
Kartographie: Huber Kartographie GmbH
Gesamtherstellung: VISTA POINT Verlag GmbH, Rheinbreitbach

ISBN 978-3-96141-725-4

An unsere Leserinnen und Leser!
Die Informationen dieses Buches wurden gewissenhaft recherchiert und von der Verlagsredaktion sorgfältig überprüft. Nichtsdestoweniger sind inhaltliche Fehler nicht immer zu vermeiden. Für diese übernimmt der Verlag keine Haftung. Für Ihre Korrekturen und Ergänzungsvorschläge sind wir dankbar.

VISTA POINT Verlag
Rolandsecker Weg 30 · 53619 Rheinbreitbach
Telefon: +49 (0)2224/7795-0 · Fax: +49 (0)2224/7795-100
info@vistapoint.de · www.vistapoint.de · www.facebook.de/vistapoint